edition suhrkamp 2313

Wie verändern sich soziale Beziehungen in der Welt von heute? Nach
gängiger Meinung verwandeln sie sich mehr und mehr von angeborenen in selbstgewählte Bindungen. Daß die Menschen so schlicht zur
Freiheit fortschreiten, gehört in den Bereich der modernen Mythen.
Anders als wir annehmen, sterben Herkunftsbindungen keineswegs
ab. Im Gegenteil, ihre Macht wird größer, je schneller sich die Gesellschaft verändert. So bindet etwa, als paradoxes Beispiel, die hohe Zahl
an Scheidungen, also die Auflösung von individuellen Wahlbeziehun-
gen, die Menschen wieder vermehrt an ihre nichtgewählten Her-
kunftsgruppen. Die Institution der Ehe wird durch die vielen Schei-
dungen ebenfalls nicht geschwächt. Eher wird der einzelne, unzu-
reichende Partner individuell aufgegeben als die kollektive Idee von
Liebe und Gemeinschaft. Warum tun wir uns dennoch so schwer, die
Wirklichkeit und Wirkungsmacht der Gefühle zu akzeptieren? Dieser
Frage geht Karl Otto Hondrich in den acht Essays dieses Bandes nach.
Implizit wird dabei eine zentrale theoretische Botschaft anschaulich:
Allen Individualisierungen, Rationalisierungen und Trennungen zum
Trotz – kollektive Emotionen sind das Herzstück und die bewegende
Kraft allen, also auch des rational gezügelten sozialen Lebens.
Karl Otto Hondrich, geboren 1937, lehrt Soziologie an der Johann
Wolfgang Goethe-Universität Frankfurt am Main. Zuletzt erschienen
u. a.: *Der Neue Mensch* (es 2287; 2001); *Wieder Krieg* (es 2297; 2002);
*Enthüllung und Entrüstung. Eine Phänomenologie des politischen
Skandals* (es 2270; 2002).

Karl Otto Hondrich
Liebe in den Zeiten der Weltgesellschaft

Suhrkamp

edition suhrkamp 2313
Erste Auflage 2004
© Suhrkamp Verlag Frankfurt am Main 2004
Originalausgabe
Satz: Jung Crossmedia Publishing, Lahnau
Druck: Nomos Verlagsgesellschaft, Baden-Baden
Umschlag gestaltet nach einem Konzept
von Willy Fleckhaus: Rolf Staudt
Printed in Germany
ISBN 3-518-12313-0

2 3 4 5 6 – 09 08 07 06 05

Inhalt

Vorbemerkung

Keiner der folgenden Essays wurde zum Thema Liebe geschrieben; daß sie sich darum drehen, wurde mir erst später deutlich. Ursprünglich beschäftigte mich die Frage, wie sich soziale Bindungen in der Welt von heute verändern. Nach gängiger Meinung verwandeln sie sich mehr und mehr von angeborenen in selbstgewählte. Daß die Menschen so schlicht zur Freiheit fortschreiten, erschien mir immer als ein moderner Mythos. Der alltägliche Vorgang, wie ein Liebespaar zusammenzieht und sich wieder trennt, dient mir zu Beginn als Anlaß, um zu erkunden, was aus Herkunftsbindungen wird. Anders als wir annehmen, sterben sie nicht ab. Im Gegenteil, ihre Macht wird größer, je schneller sich die Gesellschaft verändert.

Was bewegt die Menschen? Daß dies nicht sie selbst sind mit individuellen Trieben und Sinngebungen, sondern die geteilten moralischen Gefühle *zwischen* ihnen – mit dieser Einsicht begann, vor mehr als 100 Jahren, die Soziologie. Viel übriggeblieben ist davon nicht. Moderne Sozialwissenschaftler meinen, die soziale Welt werde von Systemen bewegt, von Kommunikation, von »rational choice« der Individuen oder von globaler Ökonomie. Gegen diese – wie ich meine – Fehlsichten des sozialen Lebens versuche ich, auf den Schultern von Emile Durkheim, Georg Simmel und Sigmund Freud deren frühe Einsichten wiederzugewinnen. Da dies, zum Teil, gegen die aktuelle Sozio-

logie geschehen muß, entsteht bisweilen ein polemi-
scher Ton – besonders wenn ich mich, wie im zweiten
Beitrag, an Kollegen wende. Mein Zorn gilt nicht der
sozialen Realität, also den wechselseitigen Gefühlen
zwischen den Menschen, sondern nur denjenigen, die
sie ignorieren oder sich darüber erheben – wie die Kritiker der kollektiven Trauer um Diana.

Warum tun wir uns so schwer, die Wirklichkeit und
Wirkungsmacht der Gefühle anzunehmen? Als *Gefühle* beleidigen sie, nur zu oft, unsere Rationalität; als
kollektive Gefühle unsere Individualität; als *unbe-
absichtigte* Gefühle und Handlungsfolgen unseren
Willen, die Wirklichkeit zu gestalten; als *verborgene*
Gefühle unseren Anspruch an Aufklärung und Aufrichtigkeit. Bei allem Bemühen um Aufrichtigkeit: Die
Wirklichkeit entzieht sich ihr. Sie liegt nicht offen –
nach noch so vielen Worten. Das Wichtigste hält sie
verborgen. Dies ahnend, spüre ich Genugtuung. Denn
was verborgen ist, ist auch geborgen.

Liebe in den Zeiten der Weltgesellschaft

Die Geschichte spielt in der Praxis einer Gynäkologin in einer deutschen Kleinstadt. Dort treffen sich, vor einigen Jahren, Assia und Petra. Beide Frauen sind damals etwa 30 Jahre alt. Beide kennen sich. Wir sind befreundet, sagt Petra, die mir die Geschichte erzählt. Die Libanesin Assia wohnt mit ihren Kindern und ihrem Mann im Heim für Asylsuchende, und Petra, die Arzthelferin, hat sich gelegentlich um die Kinder gekümmert, von denen Assia immer mehr bekommt, weil, wie Petra sagt, es immer nur Mädchen sind. Nun, nach dem fünften, will Assia keine Kinder mehr, und Petra sagt: »Assia kriegt Schraube«, will heißen, die Spirale. Aber das deutsch-libanesische Komplott der Frauen fliegt auf, und eines Tages muß Petra sagen: »Assia, doch wieder schwanger!?« Assia verdreht die Augen ein bißchen zum Himmel. Dann fragt sie zurück: »Wie viele Kinder hast *du* jetzt eigentlich?« Die Frage ist rhetorisch, denn Assia weiß, daß Petra keine Kinder hat, und Petra weiß, daß Assia weiß, daß Petra keine Kinder hat. »Und was sagt dein Mann dazu?« fragt Assia noch. »Wir haben uns getrennt«, antwortet Petra. Und zu mir sagt sie, später: »Assia hat den Spieß umgedreht. Ich hab mich ganz arm gefühlt in dem Moment.«

Wer Petra kennt, erlebt sie als einen lebenslustigen Menschen. Wer sie näher kennt, weiß von ihren beiden großen Traurigkeiten. Sie hat keine Kinder, und sie hat keinen Mann. Es fehlt ihr die Liebe, die sie sich wünscht. Wenn sie wütend ist, sagt sie: »Ich habe ein Recht darauf.« Wenn sie guter Stimmung ist, macht sie sich darüber lustig. Wenn sie ins Grübeln gerät, dauert dies nicht lange: Das Handy mit den eingespeicherten Nummern der Freundinnen und Freunde ist zur Hand, das nächste Straßenfest nicht weit, der nächste Urlaub nicht fern. Das Leben ist doch schön. Und es ist voller Zuversicht. Was nicht ist, kann noch werden. Jeden Tag kann die Liebe, heiß ersehnt, sich wieder einstellen.

Petra ist kein Einzelfall. Sie stellt ein Beziehungsmuster dar, das für moderne westliche Gesellschaften typisch ist. Industrialisierung und Verwissenschaftlichung durchlaufend, haben sie Lebensdauer, Lebenschancen, Sicherheiten, Genüsse und Freiheiten in einer Weise gesteigert, die früheren Menschen kaum vorstellbar war. Wer besser und länger lebt, kann die Liebe länger oder mehrmals erleben. Anders als früher, können Frauen und Männer aus Liebe heiraten und aus Liebe Kinder bekommen. Aber nicht nur Freiheiten und Erfüllungen wachsen, sondern auch Versagungen: Man trennt sich häufiger als früher, heiratet später, bekommt weniger Kinder und bekommt sie später. Diese Tendenzen verstärken sich mit steigender Bildung. Heute bleibt, in der Bundesrepublik, ein Viertel der Frauen kinderlos; in Kürze wird es ein Drittel sein, und 40 Prozent aller Frauen mit Studium.

Es gibt dazu ein Erklärungsschema über das Schlagwort Individualisierung: Wohlstandssteigerung, Mobilität, Bildung etc. führen, so heißt es, zu individuellem Freiheitsgewinn, Selbstbezogenheit und Auflösung von Gemeinschaftswerten. Das von normativen Verpflichtungen befreite Individuum suche nur noch das Glück für sich selbst – Familie und Kinder hätten das Nachsehen.

Aber: Wenn wirklich das freie Individuum mit seinen Wünschen das Szepter schwänge, dann müßte Petra längst glücklich verliebt oder verheiratet sein und Kinder haben – denn nichts wünscht sie sich sehnlicher. Auch darin ist sie typisch für die große Mehrheit der jungen Frauen – und der meisten Männer – hierzulande. Die Preisfrage lautet: Warum erfüllen sich die vermeintlichen Glückssucher ihre Wünsche immer weniger?

Weil individuelle Wünsche im Widerspruch zueinander stehen, lautet eine erste Antwort. Petra will nicht nur einen »eigenen« Partner und »eigene« Kinder, sondern auch eine »eigene« Ausbildung, einen »eigenen« interessanten Beruf, »eigene« Mobilität. Das läßt sich nicht alles zur gleichen Zeit verwirklichen. Ist das ihr individuelles Problem? Die eigenen Wünsche sind ihr nicht individuell zu eigen. Sie teilt sie mit der Mehrheit der Menschen in der »eigenen« westlichen Gesellschaft. Es handelt sich um kollektive Empfindungen. Als Allgemeingut verlieren sie die Unverbindlichkeit von Wünschen und nehmen die Normalität von verbindlichen Normen an. Sie treten uns als gesellschaftliche Anforderungen entgegen: »Du sollst eine Ausbildung haben! Du sollst einen modernen Beruf haben!« Die junge Frau, die sich dieser Normalität entziehen wollte, würde sich in ihren Kreisen zur krassen Außenseiterin machen. Was im Gewand von Wünschen daherkommt, sind in Wirklichkeit handfeste Normzwänge. Zuerst sind sie es, die Petras Kinderwunsch (die Norm »Du willst/sollst Kinder haben!«) zurückdrängen, dann die Berufszwänge ihres Mannes, dann eine Verstimmung des Paares, dann zerbricht die Partnerschaft...

Ist es nicht doch ganz schlicht der Konflikt zwischen Mann und Frau, also zwischen Individuen, der die Liebe und das Kinderkriegen so schwermacht? Die Antwort ist zu einfach. Denn Petra und ihr Mann wollten ja beide Kinder, beide wollten zusammenbleiben, und beide waren sich in Liebe zugetan. Sollte das Problem in der Liebe selbst liegen, von der wir doch die Lösung so vieler Probleme erwarten?

Die Liebe. Das ist die große Hoffnung der modernen Menschheit. Sie steigert alle Gefühle: als Hingabe, die ohne Gegenrechnung erwidert wird; als Anziehung, die alles andere zweitrangig erscheinen läßt; als Einklang zweier Seelen, der alle anderen ausschließt; als Verstehen und Sichmitteilen, das keiner Worte bedarf; spontan einen neuen Anfang setzend, der kein Ende kennt, die Liebenden schicksalhaft ergreift und doch von ihnen aus freien Stücken ergriffen werden will. Das ist die Vorstellung von romantischer Liebe. Es ist Petras Vorstellung. Es ist unsere Vorstellung, millionenfach vorgestellt und tausendfach dargestellt in Geschichten, Gedichten, Theaterstücken, Filmen...

Es ist ein Liebesideal.

Kennt Assia die romantische Liebe nicht? Zwar kommt sie aus einer anderen Kultur, wie man hierzulande bedeutungsvoll sagt. Aber die Lyrik und Legenden aller Literaturen, die Liebesgedichte des Hafis aus dem alten Persien, die mittlerweile weltgrößte Traumfabrik des Liebesfilms in Indien lassen darauf schließen, daß romantische Liebe kein Spezialprodukt westlicher Kultur ist. Amerikanische Wissenschaftler haben es sogar ausgezählt: In rund 90 Prozent aller Gesellschaften, über die ethnologische Berichte vorliegen, lassen sich Anzeichen romantischer Liebe erkennen.

Nur im Westen allerdings wurde die Liebesromantik fest verkettet mit der Basisinstitution der Familie: Keine Ehe soll ohne Liebe geschlossen, kein Kind ohne Liebe gezeugt, geboren und großgezogen werden. Das ist die Norm. Wer ohne Hehl dagegen verstößt, etwa nur auf Geheiß Dritter oder wegen Geld oder Macht heiratet, kann der Verachtung seiner Mitmenschen sicher sein. Während sich die westlichen Gesellschaften in der Sphäre ihrer Produktion höchster Rationalität verschrieben haben, geben sie ihre Reproduktion ganz der Emotionalität anheim.

Welcher Teufel reitet sie, ihre Familien, von deren Leistungen doch der Fortbestand des sozialen Lebens abhängt, auf die flüchtigsten Gefühle, das Beständigste auf das Vergänglichste, das Alltägliche auf das Außeralltägliche, das Reale auf das Romantische zu bauen? Liegt hier ein grundlegender Konstruktionsfehler moderner Gesellschaft vor, oder hat die Sache einen noch unerkannten Sinn?

Liebe ist Teil einer großen historischen Bewegung zur Freiheit. Die auf Liebe gegründete Wahlfamilie befreit von Fremdbestimmung durch Herkunftsfamilie und Herren. Liebe zieht auch eine Grenze gegenüber Politik, Wirtschaft, Religion, Wissenschaft und befreit, so gut es geht, von deren Zwängen. Freiheit heißt hier Verselbständigung und Selbststeuerung von Lebenssphären gegeneinander. So befreit die auf Liebe gegründete Familie auch Arbeit, Forschung und öffentliches

Leben von störenden Leidenschaften. Diesen bietet sie einen geschützt-intimen Raum, Ausleben und Einhegung in einem. Schließlich zieht die Liebesehe nicht nur Grenzen, sondern setzt diese auch außer Kraft. Erotik, aus sexueller Triebhaftigkeit zu bewußtem Genuß sublimiert, bleibt das Einfallstor für natürliche Kräfte, eine, wie Max Weber sagte, »Pforte zum irrationalsten und damit realsten Lebenskern gegenüber den Mechanismen der Rationalisierung«. Sie setzt Rationalisierung voraus und unterläuft sie zugleich. Sie geht auf das zurück, was alle Menschen gemein haben, und überwindet das Trennende. Sie macht damit die Menschen füreinander zugänglich, im allermodernsten Sinn einer Weltgesellschaft, die weder kulturelle noch andere Schranken kennen will.

Aber: Die Liebe, die doch zugleich befreien und vereinen soll, ist so frei und grenzenlos nicht. Sie fällt nicht überall hin, erst recht nicht nach dem Zufallsprinzip. Sie bleibt in bestimmten sozialen Kreisen – in »unseren« Kreisen. Diese sind über lokale und ständische Kreise hinausgewachsen, aber als Bildungskreise nicht offener geworden, sondern eher einheitlicher und geschlossener. Vor 100 Jahren, als sich auf Gymnasien und Universitäten fast nur Männer fanden, *mußten* sie über Bildungsgrenzen hinweg heiraten. Heute bleibt man in der Regel innerhalb dieser Grenzen. Frauen und Männer gehen in die gleichen Schulen, Universitäten und Betriebe, die damit zu Heiratsmärkten gleicher Bildungsniveaus werden. Eher – wenn auch selten genug – überspringt die Liebe nationale Grenzen, als daß sie unter ihr Bildungsniveau fällt. Geteilte Bildung und geteilte Sprache ermöglichen geteilten Witz und geteilte Subtilitäten, die auch die leiblichen Genüsse der Liebe noch steigern können. Deshalb sucht sich die Liebe Übereinstimmungen in allen Sphären des Leibes, der Lebenserfahrungen, der Kultur. Die Suche nach Bildungsgleichen wird eher unbewußt als bewußt betrieben. Sie ist nicht Ausgeburt eines Bildungsdünkels, sondern folgt aus der Logik der Liebe selbst. Sie strebt nach Steigerung der Übereinstimmung, die den ganzen Menschen umfassen soll.

Sosehr die Liebe, diesem Ideal gemäß, ganz Gefühl, ganz Gegenseitigkeit, ganz Individualität zu zweit, ganz Selbstbestimmung sein soll, sosehr ist sie doch in gesellschaftliche Normen verwoben, ja sie selbst *ist* ein solches Geflecht aus millionenfach geteilten moralischen Gefühlen und Geboten: Die Liebenden sollen sich von gleich zu gleich anziehen und verstehen. Sie sollen einvernehmlich entscheiden und die Lust und Last des Zusammenlebens teilen. Sie sollen sich auch darüber einigen, ob sie ihre Liebe weitergeben, also ob, wann und wieviel Kinder sie bekommen. Sie sollen dies alles aus freien Stücken tun etc.

Aber je mehr sich die Liebe als freie Wahl frei wähnt von Fürsten, Familieninteressen, Standes- und Klassenschranken, ökonomischen Nöten, religiösen Riten, kurz von allen Traditionen und Fremdbestimmungen, desto elementarer und archaischer erlebt sie Fremdbestimmung am eigenen Leib: in der Gestalt des geliebten anderen, der ebenfalls frei ist, zu lieben oder nicht (mehr). Seine Liebe in ihrer Vergänglichkeit ist für mich Schicksal, so wie meine für ihn, aber auch seine für ihn und meine für mich. Niemand ist Herr der Liebe des Geliebten, auch nicht der eigenen Liebe. Die Liebe selbst wird zum Herrn, und damit zum Inbegriff der Unfreiheit, die aus der Freiheit selbst erwächst – als ob alle Fremdbestimmungen der Welt sich zu einer einzigen zusammengezogen hätten.

»Seid einig!« Die Konsensnorm in der modernen Liebe herrscht nicht durch äußere Vorschrift, sondern als verinnerlichte Verbindlichkeit. Paradoxerweise wächst der Einigungszwang als soziomoralischer Tatbestand in dem Maße, in dem die Chance wächst, sich ihm individuell zu entziehen: Als eigenständige, fortpflanzungstechnologisch bewanderte, sozialstaatlich geschützte und nicht unbegüterte Frau könnte sich Petra auch ohne die Zustimmung eines Partners oder Ehemannes für ein Kind entscheiden. Sie kennt solche starken Frauen und bewundert sie, sieht sie aber auch als Ausnahme von der Regel. Gerade weil heute das Element des Zufalls beim Kinderkriegen weitgehend auszuschalten ist, wirkt eine nicht einvernehmlich entstehende Schwangerschaft, ob von seiten der Frau oder des Mannes, wie ein Vertrauensbruch – auch gegenüber dem noch gar nicht geborenen Kind. Sosehr Petra sich ein Kind wünscht – es soll ein Kind mit zwei Eltern sein, und ein Kind der Liebe.

Was auf den ersten Blick als Petras individueller Wunsch erscheint, ist Ausfluß von tiefverwurzelten, weithin geteilten moralischen Vorstellungen, die wir nur deshalb nicht als solche erkennen, weil sie uns so selbstverständlich sind. Daß kollektiv verbindliche Normen sich in individuell beliebige Entscheidungen auflösen, ist eines der größten Selbstmißverständnisse »freier« Gesellschaften. Sie fordern zwar individuelle Entscheidungen – aber nur im Spannungsfeld immer verzweigterer, feinmaschigerer und noch mehr kaschierter kollektiver Zwänge. Die bindenden Normen der Liebe selbst, obwohl auf höchste Harmonie angelegt, enthalten eine ungeheure Sprengkraft. Denn die von ihnen geforderte Einigkeit kann von niemandem erzwungen und garantiert werden. Wenn sie entweicht, dann folgt aus dem Einigkeitsgebot selbst das Gebot sich zu trennen.

Die Liebenden können sich dem widersetzen. Sie können sich so oder so entscheiden. Nicht entkommen können sie den normativen Zwängen und Konflikten. Diese sind ihrer Beziehung eingegeben wie ein Programm: die Logik der Liebe.

»In jeder Beziehung zwischen einem Mann und einer Frau gibt es genau vier Phasen. Zuerst triffst du die Frau und lebst mit ihr. Dann heiratest du sie, das verändert schon einmal alles. Dann habt ihr Kinder, und wieder ändert sich alles. Am Ende laßt ihr euch scheiden – und erst vor dem Scheidungsrichter merkst du, mit wem du da eigentlich verheiratet warst«, heißt es bei Norman Mailer.

»Zuerst triffst du die Frau…« In der Verliebtheit schaffen sich die Liebesideale ihre eigene Realität. Die Liebenden kommen sich entgegen. Sie wollen Gemeinsamkeiten sehen. Sie sehen sich und zeigen sich von ihrer besten Seite. Sie sehen und zeigen dabei kein falsches Bild. Denn auch die beste Seite stellt ja eine Wirklichkeit dar. Daß sie nicht die ganze Wirklichkeit ist, werfen sich die beiden – später – oft vor. Sie tun damit einander unrecht. Denn die Liebe, in ihrer ersten, hoffnungsfrohesten Phase, verändert, als neue Gemeinsamkeit, die Personen ja wirklich. Dies geschieht

eher unabsichtlich. Wer in der Absicht, ganz aufrichtig
zu sein, gerade seine schlechten Seiten dem Geliebten
hervorkehren möchte, dem gelingt sogar dies nicht.
Denn es ist ja die Liebe, die ihn antreibt. Sie ist, als
Wucht der Beziehung, allemal stärker als die individuelle Absicht, unterhöhlt die negative Selbstdarstellung
und wertet sie, als rückhaltlose Offenheit, ins Positive
um. Auch dem finstersten Selbstanstrich des Individu-
ums verleiht die kollektive Bewegung der Liebe noch
einen wärmenden Schimmer. Die Liebe macht die
Menschen besser: fügsamer gegenüber dem geliebten
Wesen und gegenüber dem, »was einem geschieht«.
Sie weckt aber auch Vorbehalte und Vorsichten und
schwankt zwischen der Angst, den anderen zu verlieren oder sich selbst. »Verliebtsein ist schön«, sagen die
Erfahrenen, und dabei schwingt Vergänglichkeitswis-
sen mit. Auch die Liebenden selbst verspüren dies. Sie
prüfen ihre Liebe. Sie leben sie auf Probe. Vieles von
dem, was man die romantische Einheit des Paares nennen kann, stirbt einen schnellen Tod. Die Beteiligten
wissen oder ahnen es. »Drum prüfe, wer sich ewig bindet« drückt in altertümelnder Sprache eine durchaus
moderne Geisteshaltung aus.

»Dann heiratest du sie, das verändert schon einmal
alles.« In der Alltäglichkeit des gemeinsamen Haushal-
tens tritt das Trennende wieder hervor. Alte Gewohnheiten verlangen ihr Recht; das Individuelle, das sich
in der Phase der Verliebtheit zurückgezogen hatte;
frühere Prägungen aus Familie und vorangegangenen
Liebschaften und Ehen; auch neue Divergenzen der
Gefühle und Interessen. Je länger und je sicherer durch
die Ehe man sich aneinander gebunden fühlt, desto

mehr darf auch das Trennende sich ausdrücken, ohne das Ganze zu gefährden. Das Paar erlebt dies alles zwar als Desillusionierung, ja Entfremdung. Aber auch eine Gegenbewegung setzt ein. Je länger man zusammen-lebt, desto mehr entsteht die Wirklichkeit der eigenen, gemeinsamen Gewohnheiten, Vertrautheiten. Es gibt nicht nur eine »Macht der Gewohnheit«, sondern viele. Je länger die Ehe dauert, desto größer die Chance, daß sie sich als Gewohnheit und Vertrautheit eigener Art gegenüber den älteren Gewohnheitsmächten behaup-tet. Nicht zuletzt auch durch die Erinnerung an die lei-denschaftliche Liebe, die ihr vorausging oder mit der sie begann. Die Heirat selbst wirkt als institutionelle Stütze der Liebe, als deren Bestätigung durch etwas Drittes, nämlich durch die größere Gemeinschaft. Sie fügt der romantischen Liebe etwas hinzu, eine Art Krücke, als ob die Liebe nicht mehr aus freien Stücken stehen könne. Das wertet die Ehe ab. Die Eheleute selbst aber werten, aus ihrer Sicht, diese widersprüch-lichen Entwicklungen der Liebe anders: Die Verliebt-heit sei zwar vorbei, heißt es, jedoch habe sie sich in eine tiefere und innigere, in wahre Liebe verwandelt.

»Dann habt ihr Kinder, und wieder ändert sich al-les.« Zu dem »allgemeinen Dritten«, dem gesellschaft-lichen Umfeld des Paares, tritt ein neues und besonde-res Drittes hinzu. Es ist nur dem Paar eigen: das eigene Kind. Es zieht Liebe aus dem Paar ab – und führt ihm Liebe zu. Wie in jeder Triade sind Konflikt und Kon-kurrenz auch in der Liebe zwischen Vater, Mutter und Kind angelegt. Ödipus' Begehren der Mutter unter Ausschluß des Vaters ist dafür nur ein archaisches Gleichnis. Je stärker im Paar schon Konflikte vorhan-

den sind, desto wahrscheinlicher ist es, daß sie sich
in der Konkurrenz um die Kindesliebe noch weitere
Nahrung suchen. Aber das Kind kann auch kitten. Die
Liebe ist keine feststehende Summe, die kleiner wird,
wenn sie von einer auf drei Beziehungen verteilt wird.
Geteilte Liebe ist doppelte und dreifache, ist gestärkte
Liebe. Das geliebte Wesen meines geliebten Wesens ist
mein geliebtes Wesen. Mit jedem Mitglied wird die Lie-
bes- und Konfliktarchitektur der Kleinfamilie komple-
xer. Familie verbindet ja nicht nur paarweise: Frau und
Mann, Mutter und Tochter, Schwester und Bruder etc.,
sondern auch beide Eltern und ein Kind, beide Kinder
und beide Eltern, drei gegen einen, vier gegen den Rest
der Welt – in oft wechselnden Gegen- und Einseitigkeiten, in Liebe und Haß. Die auch im Kleinen kaum noch
überschaubaren Verstrebungen der Gefühle geben dem
Ganzen Halt und Macht. Deshalb werden Scheidungen
desto unwahrscheinlicher, je mehr Kinder da sind.
Aber mit den Chancen der Übereinstimmung wachsen
die Konflikte auch. Zwischen der Norm gesteigerter
und anhaltender Liebe und der Realität des Ehelebens
wächst eine Diskrepanz. Entweder wird die Realität
umdefiniert: von Verliebtheit zu »wahrer« Liebe. Oder
aber das Paar opfert sich selbst auf dem Altar der romantischen Liebesnorm, daß keine Ehe ohne Liebe bestehen soll: Es läßt sich scheiden. Die konkrete Ehe ist
zerstört, die Institution der Ehe und die Liebesnorm
bleiben bestehen: als Hoffnung, für den nächsten Versuch.

»Erst vor dem Scheidungsrichter merkst du, mit
wem du da eigentlich verheiratest warst.« Nämlich mit
einem ganz und gar unwürdigen, zumindest unpassen-

den Menschen: Seine Forderungen sind völlig überzogen, seine Anklagen ungerecht, sein Geiz, sein Egoismus, sein Haß, seine Gleichgültigkeit, seine Lieblosigkeit geradezu unglaublich, sein Unverständnis und sein Verkennen der Wirklichkeit springen ins Auge. Jetzt erst zeigt sich sein wahres Gesicht. Die Desillusionierung ist vollkommen – und zugleich: eine vollkommen neue Art von Illusion. Denn das Bild des Bösen, das sich vom jeweils anderen im Prozeß der Scheidung abzeichnet, ist nicht wahrer und wirklicher als das Bild der Güte, das ihn in der Phase des Verliebtseins so anziehend gemacht hat. Oder andersherum: Beides sind wahre Bilder ein und desselben Ich. Nicht so sehr die Individuen an sich verwandeln sich, sondern ihre Beziehung verwandelt sich – und sorgt dafür, daß individuelle Eigenschaften so verzeichnet werden, wie es der Übergang zur nächsten Beziehungsphase verlangt: Ohne die Bestätigung des Bösen und Unpassenden im anderen wäre ja die Entscheidung, sich scheiden zu lassen, eine unsinnige – genauso wie es unsinnig gewesen wäre, sich mit einem unguten und unpassenden Partner zusammenzutun. Daß der Partner gut »wird« oder böse »wird«, ist ein komplexes Gemeinschaftswerk von beiden.

Wohin die Reise geht, ist damit aber nicht vorbestimmt. Scheidung ist eine Entscheidung. Die Beteiligten können, gemeinsam oder getrennt, anders entscheiden. Entscheidet sich das Paar für die Fortsetzung der Ehe, dann hat es sich, ohne es zu wissen, zugleich für ein anderes Bild von Wirklichkeit entschieden: Konsensfiktionen treten an die Stelle von Dissensfiktionen – oder beugen ihnen vor.

Petra kennt das alles. Die ganze typisch moderne Tragik des Liebeszyklus von der konstitutiven über die destruktive zur fugitiven Phase hat sie durchgemacht – einmal im großen Drama einer Ehe, zwei-, dreimal in kleineren Anläufen vorher und nachher. Ihr Leben verläuft, liebesmäßig, normal: zwischen Versuchen, Scheitern und Hoffen. Zerbricht die Partnerschaft, dann beginnt eine fieberhafte Neusuche, und erneut zwingen die altbekannten Träume und Verpflichtungsgefühle, nur aus Liebe zu heiraten und Kinder zu bekommen, Petra unters Joch kollektiver Konsensnormen.

Dieses Joch hat Assia nicht zu tragen. Sie hat andere Sorgen. Ohne durchs Schlüsselloch zu schauen, dürfen wir vermuten: Sie mußte nicht aus Liebe heiraten, brauchte deshalb weder auf Amors Pfeil zu warten noch auf die Suche zu gehen, noch allein zu entscheiden. Ihre Eltern haben, zusammen mit den Eltern ihres zukünftigen Mannes, die Ehe arrangiert. Sie haben dies nicht willkürlich getan, sondern aufgrund von Erfahrungen und Erwägungen darüber, was zusammenpaßt und, gestützt durch die vereinten Interessen der Herkunftsfamilien, auch zusammenhält. So rational wurden und werden überall auf der Welt Familien gebildet. Die Liebesehe ist eine relativ neue, westliche Erfindung.

Allerdings, sowenig im Westen heute »nur« emotional geheiratet wird, sowenig in der übrigen Welt nur traditional und/oder rational. Die traditional vollständig vorbestimmte Ehe, etwa zwischen Cousin und Cousine, gibt es noch hier und da. Die Regel dagegen ist die arrangierte Ehe. Sie läßt weiten Spielraum zwischen Fremdbestimmung und Selbstbestimmung. Assias Eltern im Libanon werden nicht ohne Rücksicht auf die Gefühle der Tochter deren Ehe vereinbart haben. Indische Computerspezialisten oder japanische Ärztinnen haben eigene Partnervorstellungen – und unterwerfen sich doch, aus westlicher Sicht, entmündigenden Heiratsverhandlungen ihrer Herkunftsfamilien. Selbst wo die Liebe bereits ihren Siegeszug angetreten hat, bleibt sie lange Zeit nur ein Kriterium unter anderen – nicht das entscheidende: »Meine Eltern hatten eine Liebesgeschichte, was selten war. Bei uns heiratete man niemanden, den man liebte. Eine Frau entschied sich für den ersten, der sie anlächelte, oder sie nahm den einen, den ihre Eltern beim Sonntagstanz für sie ausgesucht hatten«, schreibt Zsuzsa Bank über die Verhältnisse in Ungarn vor 50 Jahren.

Die Entscheidung, zu heiraten, wird Assia nicht durch hohe Liebesansprüche erschwert, die Entscheidung, Kinder zu bekommen oder nicht, bleibt ihr ganz erspart – und damit das Problem, darüber mit ihrem Mann eine Übereinstimmung herzustellen oder sich zu entzweien. In ihrer Kultur ist eine Konsensnorm dieser Art nicht nötig: Kinder stellen sich (nicht aufgrund gemeinsamer Entscheidung des selbst bestimmenden Paares, auch nicht fremdbestimmt durch die Entscheidung der Familien, sondern) schicksalhaft, als Segen ein. Sozial kontrolliert wird nur, daß der Segen auch angenommen wird. Die Weichen dazu werden weniger patriarchalisch, von »dem Mann«, gestellt als von »den Frauen« und »den Männern«. Es sind, in traditionellen Gesellschaften, diese gleichgeschlechtlichen Gemeinschaften, auf die das Paar hört und denen es gehört – viel mehr als sich selbst.

In Petras Welt soll die Liebe der Ehe und den Kindern vorangehen – mit dem Ergebnis, daß das Warten auf Liebe oder der Verlust von Liebe der Geburt von Kindern oft genug zuvorkommt, oder die Ehen von innen destabilisiert. In Assias Welt ist die Liebe nur eine unter anderen Loyalitäten; diesen untergeordnet und in sie eingebunden, kann sie ihre Sprengkraft noch nicht entfalten. Zwar wird die Stabilität der Familien in vorindustriellen Gesellschaften oft überschätzt – hohe Sterblichkeit, Seuchen, Notlagen, Kriege, Abwanderung führen auch dort zu unvollständigen Familien. Den Geburtenziffern tut das aber kaum Abbruch. In Assias Heimat bekommen Frauen durchschnittlich fünf bis sechs Kinder, in Deutschland 1,35.

Beide Ziffern drücken eine Erfolgsgeschichte aus – reproduktiven Erfolg die eine, Fortschritt zur Freiheit die andere –, aber auch mehr Ängste, Nöte und Spannungen, als wir ahnen. Ausgleichsbewegungen des Gebens, Nehmens und Erwiderns, die allem soziomoralischen Leben zugrunde liegen, erscheinen, aus westlicher Sicht, gestört: zwischen Eltern und Kinderlosen, denen die Liebe von Kindern versagt bleibt; zwischen Alten und Jungen, die von Generation zu Generation weniger werden, also weniger elterliche Liebe weitergeben, als sie empfangen haben; zwischen der Mehrheit der kinderreichen Kulturen und den kinderarmen Kulturen des Westens, die weltweit zu einer immer kleineren Minderheit zusammenschrumpfen.

Probleme würden nicht wahrgenommen, wäre nicht eine Lösung in Sicht. Der Weltbevölkerungsfonds (UNFPA), eine Einrichtung der UNO, läßt sie in seine statistischen Prognosen eingehen. Er sagt einen Fall der

Geburtenraten in aller Welt voraus – und, erstaunlicherweise, ab 2010 einen Wiederanstieg in den geburtenschwachen Gesellschaften des Nordens. Als Ergebnis der demographischen Annäherung zwischen Süd und Nord winkt, nach 2050, die Zwei-Kinder-Normfamilie, weltweit. Eine Begründung dafür können die Welt-Statistiker nicht angeben. Ihr Ideal wird zum Vater der Prognose. Gemeingut der Kulturen ist dieses Ideal gewiß nicht. Im größten Teil der Welt gilt nach wie vor Kinderreichtum als hoher Wert. Daß dies sich ändere, gehört zu den statistischen Annahmen dazu.

Wenn man Ironie nicht fürchtet, kann man sagen, daß die Liebe im UN-Bevölkerungsfonds ihre globale Organisationsform und Interessenvertretung gefunden hat. Der Fonds, seit 2001 von der Exekutivdirektorin Thoraya Obaid aus Saudi-Arabien, zuvor von der Pakistani Nafis Sadik geführt, will alle Paare in die Lage versetzen, Zahl und Zeitpunkt ihrer Nachkommen frei zu wählen – also auch sich selbst als Liebespaar. Intuitiv trifft dies unsere – westlichen – Idealvorstellungen des liebevollen Ausgleichs zwischen Mann und Frau, zwischen Eltern und Kindern, zwischen kinderreichen und kinderarmen Kulturen.

Aber wie dahin gelangen? Drei Wege sind denkbar: eine zielgerichtete Familienpolitik; die Ausbreitung der Liebesehe als Selbstläufer in alle Welt; und, in umgekehrter Richtung, die Wanderung von Menschen aus dem kinderreichen Süden in den kinderarmen Norden.

An Politik denkt man im Westen und Norden zuerst. Da wird gefordert, daß der Staat den Kindern Krippen, den Müttern Arbeitsplätze, den Familien Geld gebe. Zur Begründung wird vorgerechnet, wie schlecht Fa-

milien im Vergleich zu Kinderlosen dastehen. Das soll
ein Anreiz sein, Kinder zu bekommen? Wer schon welche hat, wird zu Larmoyanz und weitergehenden Forderungen eingeladen. Die Singles und Double-Income-
No-Kids sind durch die atemberaubenden Kosten-
berechnungen erst recht verschreckt. Für sie lautet die
Botschaft: Sollten wir Eltern werden, kann es nur
schlechter werden – selbst wenn die CSU, zum ersten
Mal in ihrer Geschichte Utopia ansteuernd, ein Wun-
derhorn von 600 € pro Kind ausschütten könnte. Eine
Familienpolitik, die die Kostenlast von Kindern er-
leichtern will und dadurch immer neu das Bild von
Kindern als eines von Kosten und Lasten zeichnet,
stolpert über sich selber. Sie verfängt genausowenig wie
der politische Appell an den kollektiven Nutzen von
Kindern – früher als Soldaten für den Kaiser, heute als
Beitragszahler für die Rentenversicherung. Staatliche
Subventionen und die Suada von der Solidarität der
Generationen sind das letzte, was Petra zur Mutter
machen wird. Auch die Kinderpolitik Frankreichs
hat nicht verhindern können, daß dort, wie überall in
Europa, die Geburtenrate sinkt und unter der magi-
schen »2,0« angekommen ist. Nur in den Vereinigten
Staaten liegt sie darüber – ausgerechnet in dem west-
lichen Land, in dem Familien sozialpolitisch am wenigsten unterstützt werden.

   Daß die Politik der Geburtenförderung in Europa
nicht greift und in den USA nicht nötig ist, kann auf ein
und denselben Grund zurückgeführt werden: Sie läuft
der Entwicklungslogik moderner Gesellschaften entgegen. Denn diese hat die Lebenssphären Politik und
Familie – wie auch Religion, Wissenschaft, Wirtschaft

etc. – streng getrennt. Die eine läßt sich von den anderen nicht hereinreden. Wie die Wirtschaft durch Effizienz, die Wissenschaft durch Wahrheitssuche, die Politik durch Gewaltkontrolle, so steuert sich die von der Politik befreite Familie durch Liebe – eigenständig. In Amerika braucht man das niemandem zu erzählen. Dort waren, mangels vorgefundener Staatsautorität, Familien und religiös-ethnische Gemeinden von Anfang an auf sich selbst angewiesen. Anders in Europa, wo sie von Fürsten und Staat in Dienst genommen, aber auch versorgt wurden. Hier wirken moderne Liebesehe und sozialstaatliche Versorgung zusammen – mit dem Effekt, daß die von Versorgungsaspekten befreiten Paare sich in ihrer Liebe auch ohne Kinder selbst genügen können. Zwar nehmen sie Geld vom Staat, ihre Familienentscheidungen treffen sie aber aus Liebe, Liebesansprüchen, Liebesversagen, Liebesverlust.

Versagt hier die Politik der Geburtensteigerung, weil der Staat ihr mit seiner eigenen Politik kollektiver Sicherung das Wasser abgegraben und die auf die Liebe reduzierte Familie zu wenig Aufgaben hat, so versagt die Politik der Geburtensenkung in den vor- und frühindustriellen Gesellschaften des Südens, weil die Familie dort zu viele Aufgaben hat. Sie braucht ihre Kinder: zum Arbeiten, zur Versorgung von Eltern und Verwandten, zur Verknüpfung mit anderen Familien, zur Sicherung des sozialen Status und zum sozialen Aufstieg. Es sind handfeste Überlebensbedürfnisse – und nicht, wie man im Westen herablassend meint, blinde »Traditionsgläubigkeit« –, die die westlich inspirierte und technologisierte, im Grunde aber fremdbestimmte Politik der Geburtenplanung ins Leere laufen läßt. (Ob

eine despotisch-autoritäre Politik der Ein-Kind-Fami-
lie wie in China erfolgreicher ist, bleibt zu bezweifeln.
Sie widerspricht sowohl der traditionellen Kultur des
Kinderreichtums als auch der modernen Kultur der
freien Wahl und des Wunschkindes.)

Auch wenn Familienpolitik hier wie dort, als liberale
und als autoritäre, scheitert – die Chancen, daß das
Ideal der Liebesehe und des Wunschkindes sich von
Norden und Westen aus über die Welt verbreitet, stehen nicht schlecht. Filme, Soaps und Popmusik reichen
dazu allerdings nicht aus. Entscheidend ist, daß Industrialisierung, Wohlstand und Bildung, insbesondere
aber die Trennung der Lebenssphären, die Freiräume
der Menschen tatsächlich erweitern und damit die Voraussetzung für die Freiheiten der Liebe schaffen.

Wo die westliche Liebesmoral in anderen Kulturen
auf fruchtbaren, von industrieller Dynamik umpflüg-
ten Boden fällt, ist trotzdem ungewiß, was daraus
sprießen wird. Denn überall gibt es Vorrang, Macht
und Heimvorteil der aufnehmenden Kultur. Jeden moralischen Eindringling versucht sie sich anzuverwan-
deln. Und immer fällt das Ergebnis der Kämpfe zwischen eingesessener und eindringender Kultur anders
aus. In Japan hat sich die arrangierte Ehe unterderhand
gegen die freie Ehe behaupten können, trotzdem ist die
Geburtenrate im freien Fall gesunken. China drückt
die Geburtenrate von Staats wegen, gegen die eigene
Tradition und gegen liberale Modernität westlichen
Stils; man kann gespannt sein, wie die legendäre chinesische Familiensolidarität aus diesen Spannungen her-
vorgeht. Auch der Westen selbst geht unterschiedliche
Wege: In den USA werden trotz hoher Scheidungs-

raten noch zwei Kinder pro Frau geboren; in Europa,
wo die Scheidungsziffern steigen, fallen die Geburtenraten teils dramatisch.

Dies zeigt sich besonders in Osteuropa. Wo die
Werte des Westens hingelangen, werden die Menschen
weniger. Das Terrain, das die westlichen Lebensformen
gewinnen, entvölkern sie. So droht der Westen, während er sich ausdehnt, im Vergleich zur weiteren Welt
demographisch immer kleiner zu werden. Der Kampf
der Kulturen gleicht weniger einem militärischen Waf-
fengang als einem Wettlauf zwischen zwei Ausbrei-
tungsgeschwindigkeiten. Wer breitet sich schneller aus:
die nichtwestliche Bevölkerung, die dank hoher Geburtenziffern, unterstützt von westlicher Medizin, wie
von selber wächst, oder die westlichen Werte, die die
Geburtenziffern absenken?

Der Kampf der Kulturen findet aber nicht nur in der
Ferne oder an den Nahtstellen zwischen West und Ost,
Nord und Süd statt, sondern auch mitten in den westlichen Gesellschaften selbst. Zu ihren Ängsten gehört,
daß sie sich entvölkern; zur Abhilfe, daß sie sich für
Zuwanderer öffnen; zu den Folgeängsten, daß sie auf
eigenem Boden zur kulturellen Minderheit werden.

Aber davor haben die Götter den Kulturkampf gesetzt. Er wird nicht mit Gewehren ausgetragen, nicht
mit starken Worten, nicht für hehre Ziele. Das Wort
Kultur kommt in ihm nicht vor und das Wort Kampf
auch nicht. Die Beteiligten, wie Petra und Assia, wissen
gar nicht, daß sie ihn führen. Sie sind nur von guten,
freundschaftlichen Absichten getragen: Petra möchte
Assia zu einem besseren – und das heißt für Petra
selbstverständlich: westlichen – Leben verhelfen. Assia

soll nur etwas annehmen, im eigenen Interesse: einen
Rat, eine Hilfe, ein Wissen, eine Lehre. Eine Gegenlei-
stung wird nicht erwartet. Oder doch? Das Annehmen
selbst ist die Gegengabe, sogar eine geforderte: Assia
soll verhüten. Sie soll westliche Lebensart annehmen.
Sie soll sich, spät genug, die Freiheit nehmen, selbst zu
entscheiden, wie viele Kinder, also Kindesliebe sie haben will.

Ein Vorgang voller Paradoxien, denn die angeson-
nene Freiheit ist ja hintergründig eine von Petra für
Assia zumindest teilweise fremdbestimmte, ein Über-
laufen von der eigenen zu einer kulturell fremden Praxis, ja eine Art Verrat nicht nur an der eigenen Kultur,
sondern auch am eigenen Mann. Das letztere sollte
allerdings nicht dramatisiert werden. Denn, um die Ironien vollständig zu machen: Die Übereinkunft der
Frauen bedient sich durchaus des Assia vertrauten traditionellen Musters der ›Frauengesellschaft‹, das Männer aus wichtigen Frauensachen ausschließt (und umgekehrt). Modern gewendet taucht dies als Solidarität
oder Freundschaft unter Frauen wieder auf. Als
Freundschaft unter Gleichen, kulturübergreifend, versteht Petra ihre Beziehung zu Assia – und agiert doch
selbstverständlich als Missionarin der eigenen Kultur
(hinter deren Praktiken der Geburtenkontrolle ja ein
handfestes moralisches Konzept von »richtiger« Kin-
derzahl und Kinderliebe steht).

In der Freundschaft der Frauen verbirgt sich ein un-
vermeidliches Machtgefälle. Alle Machtressourcen:
Geld, Wissen, die Autorität des weißen Kittels, das
Hier-zu-Hause-und-in-der-Mehrheit-Sein sind auf
seiten Petras. Petra ist Agentin des Westens in Sachen

Integration. Hat sich Assia, in die Geburtenkontrolle einwilligend oder sie sogar wünschend, den westlichen Vorstellungen vom richtigen Leben und Lieben unter-geordnet und anverwandelt, so zeigt sich nach dem mißglückten Versuch eine merkwürdige Rückver-wandlung: Mitleid und Mißbilligung, vielleicht auch Herablassung der deutschen Freundin spürend, hat sie sich intuitiv auf Kinderreichtum und Mutterstolz als Stärken der eigenen Herkunftskultur besonnen. Sie hat sie als Waffe eingesetzt. Sie hat den wunden Punkt Pe-tras, der Deutschen, erspäht. Sie erinnert Petra daran, daß ihr etwas fehlt, was Assia mitbringt. Der Stich sitzt. »Wir haben uns gemessen«, sagt Petra später.

Der Kampf der Kulturen: Die Freundinnen könnten ihn nicht führen, hätten sie nicht so viel Gemeinsames; vor diesem Hintergrund erst hebt sich das Trennende ab. Unbesehen aller kulturellen Differenzen setzen sie sich einander gleich als Frauen, als Liebende und als Liebe Wünschende. Sie teilen auch eine »Präferenz für das Eigene«, Vertraute – die eigene Familie, die eigene Lebensform. Sie ist immer schon da, bevor wir uns selbstkritisch und änderungswillig davon distanzieren können. Und nie können wir uns ganz davon lossagen. Wie schnell, unter aller Anpassungsbereitschaft, der Stolz auf das Eigene wieder aufflammt, hat Assia Petra gezeigt. Gemein haben beide Frauen auch, daß sie der soziomoralischen Urregel der Reziprozität gehorchen. Sie vergelten Gleiches mit Gleichem. Das macht sie zu Kämpfenden.

Daß Petra in diesem Kampf zunächst den Kürzeren zieht, besagt für das Kommende nicht viel. Ihre Le-bensform sitzt, als Mehrheitskultur im eigenen Land, am längeren Hebel. Konnte sie Assia noch nicht für sich einnehmen, so nimmt sie sich Assias Kinder und Enkel an. Es kann dauern, bis sie nach deutschen Liebesidealen leben wollen, oft gegen den Willen der Eltern. Dann aber wird der Kampf der Kulturen nicht mehr zwischen Petra und Assia ausgetragen, sondern nistet sich im Innern von Assias Familie ein, als Konflikt zwischen den Generationen. Auch wenn es seine Zeit braucht: Eines Tages können Assias Nachkommen die besseren Träger der deutschen Kulturideale werden, wie aus Indern in England bessere Briten und aus japanischen Einwandererkindern in den USA bessere Amerikaner werden. Ein Sieg der westlichen Kultur – ja. Aber doch ein Pyrrhussieg. Denn je mehr die sich integrierenden Zuwanderer über kulturelle Grenzen hinweg und aus Liebe heiraten, desto weniger Kinder bekommen auch sie. Der Erfolg der Integration nagt an ihrem reproduktiven Zweck – und ruft nach immer weiterer Einwanderung. Eine merkwürdige Zukunftsvision zeichnet sich ab: Die westlichen Kulturen, die sich selbst über die Liebe nicht mehr fortzeugen, sichern ihr Überdauern, indem sie Kinder anderer Kulturen anziehen und sich anverwandeln. Wo Ausgleich und Konflikt zwischen den Generationen versiegen, treten an ihre Stelle Austausch und Konflikt zwischen den Kulturen.

Für Petra und die wachsende Zahl der kinderlosen Frauen ist es allerdings kein Trost, daß die Kinder, und damit die Liebe, die sie nicht bekommen, durch Kinder aus anderen Kulturen »ersetzt« werden. Das westliche Ideal der Liebesehe und des Wunschkindes, für das sie im Kulturkampf stehen, hat ihnen kein Glück gebracht.

Der Staat mit seinen materiellen Anreizen kann es auch nicht herbeizaubern. Vielleicht schafft aber der Kampf der Kulturen, wozu die Familienpolitik zu schwach ist. In diesem Kampf muß ja nicht nur Assias Seite nachgeben, etwas aufgeben, lernen. Auch Petra lernt: daß der eigenen Lebensform etwas abgeht, was die andere hat. Daß die eigene Kultur etwas gewinnt, wenn sie etwas aufgibt – und seien es »nur« Ansprüche wie die, allein aus Liebe zu heiraten, nur Kinder der Liebe zu bekommen, die Ehe nur aufrechtzuerhalten, solange die Liebe dauert. Vielleicht wanken diese rigiden Normen der Liebe unter dem Eindruck der großen Familien aus anderen Kulturen, die ihre Selbstbehauptung, ihr Glück und ihre Vorteile nicht der Liebe verdanken, sondern bescheideneren, älteren und dauerhafteren Bindekräften.

Aber darauf müßten Petra und die Ihren selbst kommen – im alltäglichen Kampf der Kulturen, in dem nicht der Sieg zählt, sondern Lernen durch Scheitern.

Paare

Kein anderer Begriff zur Bezeichnung von gesellschaftlicher Modernisierung und Fortschritt hat sich so
selbstverständlich durchgesetzt wie der der Individualisierung – verstanden als »Freisetzung von traditionalen Bindungen«. Das kann viel heißen: daß die Menschen sich vereinzeln oder einzigartig, selbstsüchtig
oder selbständig werden. Aber nein, sagen die Vertreter
der Individualisierungsthese: Atomisierung, Indivi-
duation, Egoisierung, Autonomisierung – das alles meinen wir nicht, wenn wir von Individualisierung sprechen. Auch meinen wir nicht, obwohl wir es manchmal
sagen, daß vorgegebene Bindungen sich ganz auflösen.
Was wir letztlich meinen, ist die Ablösung eines Typus
von Bindungen durch einen anderen. Vorgegebene oder
Herkunftsbindungen werden ersetzt durch neue Bindungen, die die einzelnen selbst wählen und zusam-
menstellen. »Bastelbiographie« heißt das Zauberwort.
Darin steckt die Vorstellung vermehrter Optionen,
wachsender Freiheit. Die Vision der Individualisierungstheoretiker ist die einer Gesellschaft, die ihre
Grundstruktur von herkunftsbestimmten auf frei
wählbare Kollektivitäten umstellt. Was früher vorentschieden war, kann heute so oder so beschlossen werden. Was früher durch Norm festgelegt war, ist es heute
nicht mehr. Was früher kollektiv entschieden wurde,
wird heute individuell entschieden: ob ich im Stand der
Ehe oder unverheiratet zusammenlebe, ob ich Wehr-

dienst oder Zivildienst leiste, ob ich studiere oder eine
Lehre mache. Ich entscheide nicht nur darüber, ich *muß*
entscheiden, anders als meine Eltern oder Großeltern,
denen der Zwang zu diesen Entscheidungen durch vor-
gängige soziale Zwänge abgenommen war. Auch in der
modernen Welt der Individualisierungstheoretiker gibt
es soziale Zwänge: aber nur noch als Restbestand von
Traditionen, als strukturelle Randbedingungen, Re-
striktionen des Wählens und als Zwang zur Wahl.

Gegen ihre Kritiker haben die Vertreter der Individualisierungsthese ihre Position insoweit präzisiert. Sie
verwahren sich dagegen, ein geschöntes Bild sozialen
Wandels zu entwerfen, weisen sie doch auf die Unsicherheiten, Risiken und eben auch Zwänge der Individualisierung hin.

Ferner können sie darauf verweisen, daß sie in der
Tradition der Klassiker stehen, deren Denklinie fort-
setzen: Auch für Emile Durkheim, Ferdinand Tönnies,
Max Weber war ja die Auflösung sozialer Verbindlichkeiten bereits ein Grundthema.

Schließlich lassen sie alle empirische Kritik ins Leere
laufen, die milieu- und kulturspezifische Grenzen von
Individualisierung aufweist, wie es Günter Burkart am
Beispiel der Elternschaft in den USA verdienstvoll getan hat.[1] Wie der Igel rufen sie dem Hasen zu: Wir sind
schon da, was du sagst, wissen wir doch, und zeigen
ihm das eigene Material.

Das ist in der Tat unschlagbar. Kann denn jemand im
Ernst bezweifeln, daß wir heute ganz andere Wahlmöglichkeiten haben als unsere Vorfahren? Sie mußten

---

1 Vgl. Günter Burkart: »Individualisierung und Elternschaft. Das Beispiel
  USA«, in: *Zeitschrift für Soziologie* 3, 1993, S. 159-177.

Soldat werden, wir können zwischen Wehr- und Zivildienst wählen. Sie mußten heiraten, wir wählen, ob wir
Kinder bekommen, eine Ehe schließen oder unverheiratet zusammenleben wollen. Sie mußten zusammenbleiben, wir können uns scheiden lassen, einen Tren-
nungsvertrag schließen etc. Es ist diese Evidenz der
erweiterten Möglichkeiten, die die These von der Individualisierung so unangreifbar macht. Wenn dann
noch, wie es Ulrich Beck und Elisabeth Beck-Gernsheim in Auseinandersetzung mit Burkart tun, auch die
aufgezwungene Entscheidung – etwa sich scheiden zu
lassen – der freien Entscheidung gleichgesetzt wird,
dann bedeutet *jedes* soziale Handeln, selbst das er-
zwungene, eine Vergrößerung der Wahlmöglichkeiten.
Damit hat man *jede* soziale Veränderung, zur Individualisierung erklärt. Etwas anderes als Individualisierung gibt es gar nicht mehr. Ein Kabinettstückchen der
Immunisierung.[2] Wie Faust, laut Mephisto, »mit diesem Trank im Leibe, bald Helena in jedem Weibe«
sehen sollte, so sehen die Theoretiker der Individualisierung in jeder sozialen Veränderung: Individualisierung. Ist eine Trend-Aussage so formuliert, daß sie
immer »richtig« ist, wird sie nichtssagend. Sie hat sich
gegen Kritik und mögliche Widerlegung immun gemacht.

Dies wird dem Siegeszug der Individualisierungsthese keinen Abbruch tun. Wissenschaftliche Thesen
werden nicht verworfen, weil sie empirisch widerlegt

2 Ulrich Beck/Elisabeth Beck-Gernsheim: »Nicht Autonomie, sondern Bastelbiographie. Anmerkung zur Individualisierungsdiskussion am Beispiel
des Aufsatzes von Günter Burkart«, in: *Zeitschrift für Soziologie* 3, 1993,
S. 178-187.

oder methodologisch anfechtbar sind. Sie gelten, solange sie einem kollektiven Lebensgefühl entsprechen.
Und keine These paßt zu unserem aktuellen Selbstge-
fühl – zum Zeitgeist – wie die Individualisierungsthese.

Wie schwer es ist, dazu auf Distanz zu gehen, wird
gerade in dem Bemühen der Kritiker deutlich. Nicht
alles, was ihr als Indikatoren für Individualisierung
nehmt, zeigt Individualisierung an, hält Burkart den
Becks mit Recht entgegen. Vieles muß man anders erklären! Genau! Aber wie?

Ein Gegenbegriff zu dem der Individualisierung
fehlt. Deshalb kann gar nicht festgestellt werden, ob ein
sozialer Prozeß Individualisierung *ist* oder das Gegenteil davon. Solange die Kritik der Individualisierungsthese nur behauptet, daß die alten Zwänge und Bindungen aus Klassen-, Schicht- oder Milieuzugehörigkeit
doch noch gelten und eventuell stärker sind als neue
Freiheiten, argumentiert sie aus der Vergangenheit, aus
der Defensive heraus. Sie führt nicht weiter. Es fehlt ihr
nicht nur die Zukunftsverheißung, die im Begriff der
Individualisierung enthalten ist, sondern auch der Be-
zugshorizont, vor dem sich empirisch entscheiden läßt,
ob eine gesellschaftliche Veränderung Individualisierung ist oder eben etwas anderes.

Ich habe dafür den Begriff der *Rückbindung* gewählt. Das ist eine Verlegenheitslösung, und eine un-
originelle dazu. Würde ich Kollektivierung sagen, wäre
dieser Begriff voll mit alten politischen Bedeutungen
besetzt. Kommunitarisierung ginge vielleicht, wäre
aber doch zu eng. An den Schwierigkeiten, uns überhaupt einen Begriff vom Gegenteil der Individualisierung zu machen, läßt sich erahnen, wie einseitig und

festgefahren wir in unseren vorgestanzten Vorstellungen von sozialer Entwicklung sind.

Der Versuch, von diesen Vorstellungen loszukommen, indem wir sie widerlegen, ist immer vergeblich, also der falsche Weg. Denn sie sind ja wirklich da, und nicht ohne Grund. Es gibt Individualisierung, und wer es bestreiten oder auch nur ihre Grenzen aufzeigen will, läßt sich von ihr das Gesetz, den Rahmen und den Ausgangspunkt des Denkens aufzwingen. Was er widerlegen will, bestärkt er im Grunde.

Die angemessene wissenschaftliche Beschäftigung mit der Individualisierungsthese ist deshalb nicht der Versuch, sie zu widerlegen, sondern der Versuch, sie in einen anderen, weiteren Rahmen zu stellen, das Bild der Wirklichkeit zu erweitern – und damit den Aspekten der Realität zu ihrem Recht zu verhelfen, die von der Individualisierungsthese ausgeblendet werden.

Es sind dies: die Prozesse der Rückbindung. Sie einfach als Gegenbewegungen zu Individualisierungen zu verstehen, geht nicht weit genug. Sie sind Produkte von Individualisierung, von dieser selbst hervorgebracht. Und sie führen nicht zur Ablösung von Herkunftsbindungen und den darin enthaltenen sozialen Zwängen, sondern zu deren Verstärkung. Das individuelle Handeln nach freier Wahl erzeugt kollektive Strukturen, die die freie Wahl einschränken. Teilweise kann man das, was in Individualisierungsprozessen entsteht, als neue Kollektivitäten ansehen. Haben sie Bestand, dann verhalten sie sich allerdings genauso herkunftsbildend und traditionalistisch wie die alten auch. Zum – womöglich größeren – Teil aber steuern die sich individualisierenden Individuen sogar direkt in die alten Herkunftsbin-

dungen und Zwänge zurück, weil sie keine bessere
Wahl haben.

Dies ist die schärfste Fassung meiner Gegenthese zur
Individualisierungsthese: Im Individualisierungsprozeß verstärken sich Herkunftsbindungen, verringern
sich Optionen. Das klingt apodiktisch. Aber es klingt
nur so. Die soziologische Analyse selbst, die die These
prüfen soll, ist in ihren Ergebnissen offen. Schritt für
Schritt, sehr genau und widerlegbar muß sie zeigen, wie
Rückbindung und Individualisierung ineinander ver-
schränkt sind und wie Individualisierung Rückbindung erzeugt.

Der soziologische Blick ging bisher nur in die um-
gekehrte Richtung. Georg Simmel hat uns gezeigt, wie
aus der Erweiterung und Überschneidung sozialer
Kreise, also aus Kollektivierung, das Individuum mit
seinen Wahlmöglichkeiten entsteht.[3] Erving Goffman
hat genau beobachtet, wie die Menschen in einer psy-
chiatrischen Anstalt unter verstärktem Zwang sich ihre
individuellen Freiräume schaffen.[4] Und ein junger
französischer Soziologe, Jean-Claude Kaufmann, hat
in einer meisterlichen Studie beschrieben, wie Paare,
die zusammenziehen, nicht nur eine Paar-Individua-
lität, also eine kollektive Identität im kleinen, sondern
auch die Individualität der Individuen ausbilden.[5]

3 Georg Simmel: *Soziologie. Untersuchungen über die Formen der Vergesellschaftung.* Hg. v. Otthein Rammstedt, Frankfurt/M. 1992.
4 Erving Goffman: *Asyle. Über die soziale Situation psychiatrischer Patienten
  und anderer Insassen.* Aus dem Amerikanischen von Nils Lindquist, Frank-
  furt/M. 1973.
5 Jean-Claude Kaufmann: *Schmutzige Wäsche. Zur ehelichen Konstruktion
  von Alltag.* Aus dem Französischen von Andreas Gipper und Mechthild
  Rahner, Konstanz 1994.

Diese Blickrichtung gilt es umzukehren. Sehr
schlicht kann dann plötzlich das entstehen, was groß-
spurig ein Paradigmenwechsel genannt wird: ein anderes Bild der sozialen Wirklichkeit. Dazu müssen wir
nur eine neue Frage stellen: Was wird aus den Herkunftsbindungen und sozialen Zwängen, die von individuellen Optionen abgelöst werden? Sechs Antworten liegen nahe: Erstens, sie lösen sich in nichts auf. Sie
verwandeln sich, zweitens, in neue Bindungen der eigenen Wahl. Drittens bilden sie einen Konsens höherer
Ordnung. Viertens gehen sie in den Untergrund und leben dort in der Verdrängung. Fünftens wandern sie aus
in weitere (oder engere) soziale Kreise, Kollektivitäten,
die sie dann, meist ungewollt und unerkannt, verstärken. Und sechstens, sie zerstören das individuelle Kollektiv, um es als kollektives Kollektiv, als soziale Institution, um so leuchtender auferstehen zu lassen.

Die Individualisierungstheoretiker beachten allenfalls den ersten und den zweiten Fall, ohne daß man
Genaueres darüber erführe. Ich möchte näher hinse-
hen, was passiert. Als Beispiel nehme ich ein soziales
System, das auch in der Singlegesellschaft stärker prä-
sent ist, als man glaubt: das Paar, das Liebespaar.

Wenn es ein Klischeebild sozialen Wandels gibt, das
von jedermann geteilt wird, dann ist es das folgende:
Früher, so heißt es, bildete sich das Paar gemäß vorgegebenen Rollen. Heute seien diese Rollenzwänge
weggefallen. Die beiden könnten und müßten selbst
und ganz neu und nach eigenem Gusto ihre Zweisamkeit, den Minimalkonsens des Zusammenlebens, ihre
Rollenverteilung herstellen. Jedes Paar schaffe seine
eigene Individualität, eine kollektive Individualität im

kleinen. Obwohl mir dieses Früher-heute-Schema als
eine soziooptische Täuschung erscheint, sollten wir es
für den Augenblick als gegeben hinnehmen.

Die Selbst-Erschaffung des Paares, das kann man im
Buch von Kaufmann in wunderbarem Detailreichtum
nachlesen, ist von Anfang an ein ambivalenter Prozeß.
Einerseits wollen die Beteiligten eine eigene kollektive
Identität herstellen, ein unverwechselbares, einzig-
artiges Wir. Andererseits fürchten sie zwei Dinge: daß
ihr eigenes Paar so werde wie das ihrer Eltern, also tra-
ditionsbestimmt, und daß sie ihr je individuelles Ich an
das gemeinsame Ich, also das Paar, verlieren. Deshalb
zögern sie, solche Dinge wie Wäschewaschen und Bü-
geln gemeinsam zu machen, sie klammern sie aus dem
Paarbetrieb aus, solange es möglich ist. Und wenn es
sich nicht mehr aufhalten läßt, wenn schließlich die
Waschmaschine gekauft ist – ein schwerer Symbol-Akt
der Vergemeinschaftung –, dann folgen daraus neue
Differenzen: Der eine will bei 60 Grad waschen, die andere schwört auf 30; der eine plädiert für Trockner, die
andere für Wäscheleine; die eine bügelt die Jeans, für
den Partner ist dies ein kleinbürgerlicher Horror; die
eine häufelt die Höschen nach Größe und Farbe, der
andere wirft sie achtlos in den Schrank.

Jeder weiß, wie schwer in diesen Dingen der Weg
zum Konsens ist. Wenn man sich nicht einigen kann,
verzichtet man auf gemeinsame Entscheidungen. Jeder
macht es so, wie er – oder sie – will. Individualisierung
ist die Lösung eines Konsensproblems durch einen höheren, oft unausgesprochenen Konsens. Es kann auch
eine Konsensfiktion sein. Das ist, glaube ich, ein Grund
für ihre große Popularität.

Was wird, im Zuge der Individualisierung, aus den kollektiven, für beide verbindlichen Entscheidungen, die das junge Paar noch bei seinen Eltern beobachten konnte, die es selbst aber auflöst oder gar nicht mehr zustande bringt? Lösen sie sich tatsächlich auf, verschwinden sie?

Mitnichten. Solange das Paar besteht, *muß* jeder Schritt zur Individualisierung von einer Rückbindung aufgehoben werden. Wenn beide entscheiden, daß jeder seine Wäsche allein wäscht und in die Kommode tut, mit soviel Unordnung, wie er will, ist mit dieser Individualisierungs-Entscheidung zugleich eine Übereinstimmung entstanden, sogar eine mehrfache: Man hat sich geeinigt, daß man in bezug auf die Wäsche keine Einigkeit hat; daß das, zweitens, nicht so schlimm ist; daß man, drittens, die Unordnung oder den Ordnungsfimmel des Partners toleriert; viertens, daß man auf seine Schrankseite nicht übergreift; fünftens, daß man trotz Differenzen weiter zusammenlebt. Das Paar hat über seiner internen Differenz einen Konsens höherer Ordnung errichtet. Es hat die Optionen für den einzelnen erweitert und zugleich eingeschränkt. Er hat nun nicht mehr die Wahl, sich in puncto Wäscheordnung einen Partner nach seinem Ebenbild zu schaffen. Zugleich haben die beiden den Grundstein für eine eigene, dem Paar eigene Tradition des Wäscheordnens gelegt. Wird sie haltbar sein?

Sie tritt in Konkurrenz zu den Traditionen der Herkunftsfamilien. Aber, merkwürdigerweise unterstützen diese die Individualisierungsbewegungen des jungen Mannes und der jungen Frau (innerhalb des jungen Paares). Denn die individuelle Ordentlichkeit oder

Schlampigkeit, auf der jeder beharrt, kommt ja nicht
von ungefähr. Was wir hier als Individualisierung innerhalb des Paares beobachten, ist der Zusammenprall
zweier vorgängiger Ordnungsmuster aus den Herkunftsfamilien. Das Ergebnis ist entweder, wie eben
gezeigt, Zusammenführung zu einer höheren Ordnung, die die Widersprüche enthält, jedoch aufhebt.
Oder aber es passiert etwas anderes: Eines Tages ist die
junge Frau es leid, sich über das Wäscheknäuel ihres
Mannes neben ihrem säuberlichen Stapel zu ärgern. Sie
legt selbst Hand an, um Ordnung zu schaffen – wie es
ihre Mutter bei ihrem Vater getan hat. Unversehens
sind wir wieder angelangt bei den traditionalen, oft ver-
haßten Rollen. Es geht hier nicht um die Beharrungskraft des Alten, sondern um einen anderen Punkt: um
den aktiven Part, den Individualisierung bei der Her-
stellung und Wiederherstellung von Traditionen spielt:
»Die Reproduktion früherer Rollenmuster ist nicht
einfach ein Erbe der Tradition, sondern resultiert zum
größten Teil aus der Konstruktionsarbeit der Akteure
selbst, die ihrerseits eine Reaktion auf eine bestimmte
partnerschaftliche... Situation darstellt. Sie begnügen
sich nicht einfach damit, diese Rollen zu übernehmen,
sondern erfinden sie auf ihre Weise neu.«[6]
　　Ich kann mir vorstellen, daß viele darauf brennen,
nun die empirische Frage zu diskutieren, welchen der
beiden Wege die Paare von heute eher einschlagen: Gehen sie voran, zu neuen Ufern, zu einem abstrakten
Konsens höherer Ordnung? Oder kehren sie zurück in
den langen ruhigen Fluß des Gewohnten? So spannend

6 Ebd., S. 117.

diese Frage für unser eigenes Selbstbild und für das von
der Zukunft sein mag, so belanglos ist sie für das Verständnis der Grundprozesse des sozialen Lebens. Denn
in beiden Fällen münden Individualisierungsprozesse
in Rückbindung. In beiden Fällen dient Individualisierung der Tradition, sei diese eine neubegründete oder
eine schon vorhandene. In beiden Fällen grenzen die
Individuen ihre Wahlmöglichkeiten, die sie erweitern
wollen, auch wieder ein. In beiden Fällen erfolgt dies
ungewollt, ja unbewußt.

Dieser latente Charakter der Prozesse wird von
Kaufmann besonders eindringlich dargestellt. Vergemeinschaftung kommt auf leisen Sohlen. Geste um
Geste bauen die beiden an ihrer Paargemeinschaft. Die
Gesten entspringen Gewohnheiten und bilden Gewohnheiten. Und Gewohnheiten unterwandern und
schlagen die Programme, mit denen man angetreten ist.

Theoretisch heißt das: Was die Individuen als ihre
Individualisierung erleben, ist nichts anderes als ein
Durchgangsstadium, durch das sich das kollektive Leben mit seinen Zwängen erneuert. Individualisierung
ist die Dienerin von fortlaufenden Kollektivisierungen.
Individualisierungen sind ganz handfeste soziale Prozesse – und kein Schein. Worüber sich die Individuen
und ihre Theoretiker aber hinwegtäuschen, ist die Tatsache, daß sie in Kollektivisierungen eingebettet sind,
ja benutzt werden. Man kann sogar sagen, daß die Individualisierungsprozesse innerhalb des Paares – entscheide du deine Sachen so, ich entscheide meine
Sachen anders – dazu dienen, das Paar zu erhalten.

Sie mögen einwenden, daß dies doch eine zu gefällige
Dialektik, ein harmonistisches Weltbild ist. Es mag ja

sein, daß im Paar die Individualisierung des Bügelns und der Berufstätigkeit von einem Konsens, genannt Liebe, aufgefangen wird. Aber wenn dann auch noch der Urlaub individualisiert, also getrennt erlebt wird und die Freizeit und die Freundschaft und schließlich die Sexualität, dann ist irgendwann der Punkt erreicht, wo die kollektivisierenden Gegenkräfte aufgebraucht sind. Das Gleichgewicht zwischen individualisierenden und kollektivisierenden Tendenzen ist gestört. Der Konsens höherer Ordnung kann nicht noch höher geschraubt werden und verflüchtigt sich. Das Paar zerfällt.

Nach vielen kleinen Trennungen innerhalb des Paares erscheint die Trennung des Paares als ein dramatischer Akt der Individualisierung. Der Indikator für Individualisierung schlechthin. Der Anstieg der Trennungen und Scheidungsraten zeigt an, daß Individualisierung aus dem Paar heraus ein von vielen geteiltes Phänomen wird, und zwar mehr und mehr so. Das betonen ja auch die Individualisierungstheoretiker: daß sie Individualisierung nicht als ein individuelles, sondern als kollektives Phänomen sehen wollen, das seine gesellschaftlichen Gründe hat: etwa in steigendem Wohlstand, in sozialstaatlicher Absicherung und in der Lockerung normativer Zwänge.

So weit, so gut. Auch ich interessiere mich für die makrosoziologische Sicht der Dinge. Allerdings für die Folgen, nicht für die Ursachen von Individualisierung. In jedem Fall muß das, was makrosoziologisch behauptet wird, eine mikrosoziologische Entsprechung haben, sonst ist es nicht begreifbar, nicht verstehbar, ja gar nicht existent.

Am Beispiel der Trennung oder Scheidung: Das einzelne Paar, das sich trennt oder scheiden läßt, ergreift zwanglos eine Option, die frühere Paare nicht in gleichem Maße hatten. Indem andere Paare dasselbe tun, versetzen die Paare gemeinsam, aber unabhängig voneinander, der bröckelnden Tradition der lebenslangen Ehe einen weiteren Stoß, der den folgenden Paaren die Option noch leichter macht, also Individualisierung als einen kollektiven Prozeß noch verstärkt.

Was aber spielt sich *im* Paar ab? Immerhin sind es ja *zwei*, die sich trennen, und folglich gibt es auch zwei Möglichkeiten: Sie einigen sich – oder nicht.

Die Trennung im Konsens ist zwar ein Ideal-, aber auch ein Grenzfall. Sie ist paradox: Wenn man sich einig ist, sich zu trennen, braucht man sich eigentlich nicht zu trennen. Zumindest bleibt in der Einigung etwas vom Paar als Kollektiv erhalten – über die Trennung hinaus. Die Freisetzung aus der Paarbindung ist vielleicht schmerzlicher, dafür aber auch weniger radikal: Auf einen Partner, mit dem man sich einig ist, kann man auch nach der Trennung noch zurückgreifen. Die Option auf die Bindung zu diesem Partner geht zwar verloren, aber nicht ganz.

Anders bei der Trennung im Streit. Sie ist, wie jeder weiß, der Normalfall. Es wird über alles mögliche gestritten: über Schlamperei und Ordnung, Geld, Sex, Lügen und Video. Aber um all das geht es nicht. Was wirklich und letztlich umstritten ist, ist die Trennung selbst. Der eine will sie, der andere nicht.

Paare machen alle Anstrengungen, sich und die anderen darüber hinwegzutäuschen. Sie sagen: *Wir* trennen uns. Oder: *Wir* haben uns getrennt. Was ist das für

ein *Wir*? Es ist nicht das Arzt-Patienten-Wir: Wie fühlen wir uns heute? Es ist nicht das verschwommene völ-
kische oder kulturelle Wir, bei dem unklar bleibt, wen
es alles einschließt. Es ist ein sehr bestimmtes Wir: eine
Frau, ein Mann, niemand sonst. Und doch ist es ein
illusionäres Wir. Es nährt die Illusion, daß hier zwei
gleichermaßen und zu gleicher Zeit gemeinsam die
Trennungsentscheidung getroffen, eine Option wahrgenommen haben. (Es zeichnet ein Bild kollektiver Individualisierung.)

So etwas kommt vor. Aber wie selten, das kann jeder,
der einmal Teil eines Paares war, an sich selbst prüfen.
In der Regel beschließt eine oder einer, sich zu trennen;
der oder die andere schickt sich darein, im Laufe der
Zeit. So kann sich das illusionäre Wir der Trennung all-
mählich in ein reales Wir verwandeln. Aber was liegt
dazwischen? A wählt die Trennung – und was wählt B?
Prüfen Sie es wiederum an sich selbst: Haben Sie eine
Wahl? Vielleicht versuchen Sie es mit Albert O. Hirsch-
man: Abwanderung und Widerspruch. Aber Widerspruch wird den Trennungswilligen kaum halten. Und
mit Ihrer eigenen Abwanderung kommen Sie allenfalls
seiner Abwanderung zuvor; eine kleine Genugtuung,
aber keine Alternative zur Trennung. Abwanderung *ist*
Trennung. Mit ihr vollziehen diejenigen, die im Paar
bleiben wollen, was sie *nicht* wollen.

Wer sich so in der Falle fühlt, sieht nicht selten als
Ausweg nur noch Gewalt. Den Zwang, der ihm ange-
tan wurde, erwidert er mit verzweifeltem Zwang.
Nimmst du mir meine Wahlmöglichkeit, nehme ich dir
deine Wahlmöglichkeit. Das Reziprozitätsprinzip gilt
auch hier.

Ich bin an diesem Punkt so ausführlich, weil an ihm der Kern meines Arguments hervortritt: Jede Vergrößerung von Wahlmöglichkeiten enthält, ja schafft auch eine entsprechende Einschränkung der Wahlmöglichkeiten. An derselben oder an anderer Stelle. Was dem einen die Nachtigall seiner Individualisierung, ist dem anderen die Uhl einer Kollektivisierung. Wer nur von Individualisierung spricht, verschließt die Augen vor der anderen Seite der Realität.

Gegen diese These müssen sich Bedenken einstellen. Erstens: Dramatisiere ich nicht das Element der Entscheidungseinschränkung, der Zwanghaftigkeit, der Fremdbestimmung? Immerhin weiß sich das Paar, auch wenn es auseinandergeht, doch frei von äußeren Autoritäten und Traditionen. Meine Erwiderung lautet: Gerade deshalb wird die Trennung als besonders einschränkend, fremdbestimmt, schmerzlich, bindend empfunden. Genaugenommen aus drei Gründen: Weil der private Bereich als der letzte Hort gilt, in dem man über seine Bindungen frei entscheiden könne; weil man mindestens zur Hälfte mitbestimmen zu können glaubt – also viel mehr als in jeder Gruppe, jeder Organisation, jedem Staat möglich ist; weil es nicht irgendwer ist, der bindend eine Bindung aufkündigt, sondern ein geliebter Mensch – jemand, mit dem man sich stark identifiziert hat. Wenn hier, in der ureigensten Sphäre der Selbstbestimmung, die Fremdbestimmung sich mit jedem Individualisierungsakt so brutal erneuert – wie können wir dann erwarten, daß sie in anderen Lebenssphären schwinde?

Aber das erwarten wir doch gar nicht, so höre ich die Individualisierungstheoretiker ihren zweiten Einwand formulieren: Wir betonen doch auch, daß sozialer Zwang als Zwang zur Wahl immer neu entsteht, ja das Charakteristikum der Individualisierungsgesellschaft ist! Viel zu schwach gebrüllt. Gerade an diesem Punkt zeigt sich, was die Individualisierungsthese übersieht: Der Partner, dem die Trennung angesonnen wird, verspürt nicht den Zwang zur Wahl, sondern den Zwang, nicht mehr wählen zu können. Und dieser Zwang rührt nicht von irgendwelchen Autoritäten her, auch nicht aus den Bindungen der Tradition. Er kommt einzig und allein aus der Auflösung dieser Bindungen, vollzogen von den sich individualisierenden Individuen selbst. Individualisierung erschafft ihr Gegenteil.

Der dritte Einwand könnte lauten: Diese mikrosoziologischen Prozesse interessieren uns gar nicht. Wir Individualisierungstheoretiker denken gar nicht so individualistisch, wie ihr denkt. Wenn wir von Individualisierung reden, meinen wir gesamtgesellschaftliche Struktur-, Norm- und Wertveränderungen, zum Beispiel die Änderung des Familienrechts aus dem Jahr 1977. Danach gewinnt, in einem Trennungsstreit, immer derjenige, der die Auflösung des Paares will...

Ein weiterer Einwand könnte lauten: Wenn denn im Prozeß der Trennung des Paares Optionen eingeschränkt, Zwang ausgeübt wird, so setzt sich doch nachher der Individualisierungsprozeß fort. Die alten Bindungen sind aufgelöst. Jetzt haben alle Beteiligten, freigesetzt wie sie sind, neu zu wählen: Wollen sie allein bleiben, einen neuen Partner haben, in einer Kommune leben etc.

Prüfen wir diese Annahmen: Was wird aus den Wahlmöglichkeiten, die bislang im Paar gebunden, ein-

gezwängt waren? Was wird aus den freigesetzten Paarbindungen?

Die gute Nachricht zuerst: Die Möglichkeiten werden genutzt: Studium, Umschulung, verstärkte Berufstätigkeit, Engagement bei Greenpeace oder im Frauen-
haus, ein neuer Partner, eine neue Partnerin, alles nach
Wahl. Das ist das, was den Individualisierungstheoreti-
kern mit der Bastelbiographie vorschwebt: schöne
neue Wahlwelt. Die Bindungen aus der Paarbeziehung
gehen nicht verloren, sie entfalten sich sogar noch. Empirische Untersuchungen dazu wären interessant. Die
Raten der Wiederverheiratung geben einen Anhalts-
punkt, zeigen aber sicher nur einen Teil der Verwandlung von Wahlbindungen in Wahlbindungen. Denn
darum handelt es sich hier: nicht um den Weg von Her-
kunfts- in Wahlbindungen, sondern um die Aufeinan-
derfolge von Bindungen erster, zweiter, dritter Wahl
etc.

Nun die zweite, etwas weniger gute Botschaft: Jeder
weiß, daß die Chancen individueller Neuwahlen eingeschränkt sind. Weder die neue Berufsbindung noch
die neue sexuelle Bindung, erst recht nicht die neue
Lebenspartnerschaft findet sich, wenn man sie gerade
braucht. Vielleicht ist ein gut Teil der Selbsthilfegruppen, der Selbstentfaltungstätigkeiten, der sozialen Bewegungen gerade entstanden, um Wahlmöglichkeiten
zu schaffen. Aber dies sind Möglichkeiten vorwiegend
für junge, aktive, gebildete Leute. Andere bleiben lange
Zeit oder immer allein, weil sie das nicht wählen können, was sie wählen wollen. Soziodemographisch läßt
sich sogar ziemlich exakt angeben, was die Wahl von
neuen Bindungen erschwert: alt sein, arm sein, wenig

gebildet sein, Frau sein, viele Kinder haben. Diese Ein-
schränkungen von Handlungsmöglichkeiten können –
aber müssen nicht – sich manifestieren: Man ist allein,
man fühlt sich einsam. Aber bedeutet dies auch den
Verlust von Bindungen? Mit ja kann man nur antworten, wenn man Bindungen in ihrer manifesten Gestalt,
als bewußte und beabsichtigte Verbundenheiten im
Sinn hat.

Fragt man aber nach latenten, also unbewußten und
ungewollten Bindungen, dann fällt es uns wie Schup-
pen von den Augen: Es ist alles – fast alles – noch da,
was durch die äußerliche Trennung scheinbar durch-
trennt wurde. Das Paar, das es – zumindest nach dem
Willen des einen von beiden – nicht mehr geben soll,
existiert weiter. Ob man die Bindung mutwillig abschütteln will oder sich an sie klammert – wie Blei oder
wie Hoffnungsflügel hängt sie den beiden Beteiligten
noch an. Wie lange, wissen wir nicht, auch hier fehlt es
leider an aufregender Empirie, aber die Volksweisheit
geht wohl nicht ganz fehl, wenn sie sagt, daß es genauso
lange dauert, eine Bindung loszuwerden, wie sie vorher
schon gedauert hat. Die am längsten bestehenden Bindungen sind also am schwersten abzuwählen, sie bleiben im Untergrund einfach da und beschäftigen uns.
Sie machen uns zärtlich oder wütend. Der im inneren
Monolog fortdauernde Streit, der Haß und die Verachtung für einen Partner, der längst über alle Berge ist,
zeigen an, wie stark wir noch an ihm hängen. Es ist dieses untergründige Fortdauern des Paares, das seinen
individualisierten Teilen die Freiheit nimmt, nach Be-
lieben neu zu wählen – und hätten sie noch so viele
Möglichkeiten. Es gehört, wie Sie wissen, zu den Para-

doxien der Verdrängung, daß sie uns desto mehr an das
Verdrängte bindet, je weniger wir von dieser Bindung
wissen wollen.

Noch während wir im Individualisierungsprozeß
einen Teil unserer manifesten Bindung in latente verwandeln, damit aber im Rahmen des Paares bleiben,
obwohl dieser Rahmen doch äußerlich zerbrochen ist,
übertragen wir einen anderen Teil in andere Rahmen,
auf andere Personen. Aber: Dies sind gerade nicht, wie
die Individualisierungstheoretiker suggerieren, neu gewählte Rahmen und Personen. Es sind vielmehr Eltern,
Geschwister, Großeltern, Tanten, Onkel, Cousins und
Cousinen, Jugendfreunde, also altvertraute Personen.
Ihnen wenden wir uns, wenn das Paar zerbricht, Halt
und Unterstützung suchend zu. Wir wählen diese Bindungen nicht. Sie sind schon da. Wir haben sie auch früher nicht gewählt. Wir haben sie nie wählen können.
Und wir werden sie nie wählen können. Sie sind immer
schon da. Darin liegt ihre unvergleichliche, von keiner
erwählten Bindung einzuholende Qualität. Wie lange
brauchten wir, wenn wir im Moment der Trennung
oder Not irgend jemand Neues wählen wollten? Und
was würde dieser Irgend jemand dazu sagen? Der Qua-
litätsvorsprung des Schon-da-Seins, der vorgängigen,
nicht gewählten und nicht wählbaren Verbundenheit,
ist uneinholbar. Auch wenn wir uns mit den Eltern zer-
stritten, mit den Geschwistern und frühen Freunden
auseinandergelebt haben: Die latenten Bindungen lassen sich in der Regel aktivieren. Der Individualisierungsprozeß, der in der Trennung des Paares, also in
der Auflösung einer Wahlbindung gipfelt, führt zur
Rückverwandlung dieser Wahlbindung in nicht ge-

wählte Herkunftsbindungen. Sie haben richtig gehört:
Die Bewegung geht nicht von den traditionellen Bindungen und Zwängen zu den Wahlbindungen, sondern
genau umgekehrt.

Noch deutlicher wird diese von der Individualisierung selbst ausgelöste Gegenbewegung, sofern das sich
trennende Paar Kinder hat. Mag sein, daß das moderne
Paar gewählt hat, Kinder zu haben. Wenn sie aber da
sind, hat es nicht mehr die Wahl, sie so oder so oder
überhaupt nicht mehr zu wollen. Erst recht die Kinder
haben keine Wahl. Die Kind-Eltern-Beziehung ist die
traditionellste, die Herkunftsbeziehung par excellence.
Und während die Eltern ihre Wahlbindung aus freien
Stücken lösen, kämpfen sie erbittert um die Bindung
zum Kind. Die Bindung zu ihm, also die fortgesetzte
Herkunftsbindung, wird allem Anschein nach desto
wichtiger, je unwichtiger ihnen ihre Paar-, also Wahlbindung wird. Die aufgegebenen Wahlbindungen verwandeln sich in Herkunftsbindungen und stärken
diese. Die Herkunftsbindungen lösen die Wahlbindungen ab – und nicht umgekehrt, wie uns die Individualisierungsthese glauben machen will.

Die Suche danach, was mit den freigesetzten (sich
auflösenden oder ablösenden) Paarbindungen geschieht, ist damit noch nicht beendet. Die Freisetzung
produziert, wie man heute sagt, Alleinerziehende, das
heißt Familien, die ihre Wahlbindungen abgestoßen haben und nur noch aus Herkunftsbindungen bestehen.
Das ist, in modernen Gesellschaften, ein Folgetrend
von Individualisierung. Weit entfernt davon, die Kluft
zwischen den Generationen aufzureißen, geht der
Trend dahin, drei und vier Generationen zusammenzu-

binden, also Herkunftsbindungen nicht nur zu verstärken, sondern auch zu verlängern. Die rüstigen Rentner
helfen heute den Enkeln nicht nur materiell und hand-
fest, sondern in jeder Beziehung mehr als je zuvor.

Gleichwohl sind die alleinerziehenden Frauen heute
in besonderem Maße Individualisierungsopfer und un-
terstützungsbedürftig. An wen wenden sie sich wegen
Sozial- und Erziehungshilfe, wegen Kindergärten und
Steuererleichterungen? Vielleicht an Sozialhelfer oder
Selbsthilfegruppen, Frauenbeauftragte oder Abgeord-
nete. Und an wen wenden diese sich? An die Europäische Union, die UNO, die Welthungerhilfe? Das er-
schiene uns, in einem der reichsten Länder lebend,
absurd. Nein: Die Alleinerziehenden und ihre Fürspre-
cher wenden sich an die Regierung oder die Parlamen-
tarier oder die Gerichte der Bundesrepublik Deutschland. Völlig rational. Hier spielt die Musik. Hier etwa
fällt die Entscheidung, die Steuervorteile aus dem Ehe-
gattensplitting umzuwandeln in Vorteile für die Er-
ziehenden, also zugunsten der Herkunftsbindungen.
Solange wir unsere Forderungen an den Sozialstaat
stellen, und solange dieser im nationalen Rahmen orga-
nisiert ist – und nicht etwa als Weltsozialstaat –, solange
bestärken wir mit unseren Forderungen diesen nationalen Herkunftsrahmen. Denn in den Solidarverbund des
Sozialstaats wird man in aller Regel hineingeboren, wie
in eine Familie. Die Individualisierungsprozesse aus
dem Paar heraus bestärken also nicht nur Herkunftsbindungen im kleinen, sondern auch im großen, im nationalen Rahmen. Anders gesagt: Ein Teil der Bindungen, die aus dem Paar freigesetzt werden, verwandelt
sich in nationale Bindungen. Die Auflösung der kleinen

Kollektive bestärkt Kollektivisierungen im großen. Diese Zusammenhänge sind natürlich unerwünschte und weitgehend unerkannte. Als unerwünschte werden sie verdrängt oder wecken heftige Abwehrreaktionen. Als unerkannte müßten sie eigentlich soziologisches Entzücken hervorrufen, auch wenn sie dem Soziologen als Bürger und moralischem Wesen vielleicht nicht passen...

Die – vorläufig – letzte Station auf meiner Suche nach dem Verbleib sich auflösender Paarbeziehungen ist wieder das Paar selbst, diesmal aber nicht als individuelle, handfeste Zweisamkeit, sondern als Träger einer kollektiven Idee der Zweisamkeit. Meine These lautet: Die sich auflösenden individuellen Liebes- oder Ehebindungen verwandeln sich, in den Köpfen der Beteiligten, in kollektive Bindungen an den Wert von Liebe und Ehe. Der Wert der Liebe ebenso wie der Wert der Ehe werden bestärkt dadurch, daß individuelle Liebes- und Ehebindungen aufgelöst werden.

Dies ist nun eine besonders paradoxe Wendung. Sie widerspricht vollständig dem gesunden Menschenverstand, dem konservativen Kulturpessimismus und der Individualisierungsthese, die ja allesamt in Trennungen und Scheidungen das Menetekel für die Auflösung der traditionellen Institution der Ehe sehen.

Dagegen ist meine Überlegung die folgende: In jedem Paar gibt es von Anfang an kollektive Phantasie, oder nüchterner: eine sozial geprägte Vorstellung von einem liebe- und verständnisvollen, harmonischen Zusammenleben. In den Niederungen des Alltags wird diese Wertvorstellung, die ja eine kollektive ist, individuell enttäuscht. Zwei Reaktionen sind denkbar: Entweder schleift das Paar sein Idealbild an der Realität ab; es lockert seine Bindung an die kollektiven Werte der Liebe und des Verständnisses. Oder es hält diese kollektiven Wertansprüche als verbindlich hoch und löst die eigene individuelle Bindung als unzulänglich auf. Von einer Person und von einer individuellen Bindung trennen wir uns, nicht von der Liebesbindung als Institution. Um das Argument noch ein Stück weiter zu treiben: Bevor die Liebe als Institution im Alltag des individuellen Paares verschlissen wird, gibt dieses sich selbst auf. Noch etwas dramatischer: Das Paar opfert seine individuelle, etwas mickrige Bindung auf dem Altar einer kollektiven Vorstellung von Harmonie und Verständnis. Die Auflösung der als unzulänglich empfundenen individuellen Paarbindung führt dazu, daß das Liebespaar als kollektive Institution nur um so reiner hervortritt. Die brüchig gewordenen Bindungen an einen Partner aus Fleisch und Blut verwandeln sich in Bindungen an eine Idee, also in reine Wertbindungen, die von einem größeren Kollektiv geteilt werden. Die Institution des Liebespaares geht aus allen Individualisierungen als Sieger hervor. Sie hat heute soviel kollektives Gewicht, daß man meinen könnte, daß sie die Institution der kirchlichen oder staatlichen Ehe gar nicht mehr braucht.

Um so verwunderlicher ist es, daß sich auch die Institution der Ehe durch alle Individualisierungen hindurch verstärkt. Selbst gleichgeschlechtliche Paare wollen heute heiraten. Selbst unverheiratete Paare wollen steuerlich, rechtlich und moralisch so behandelt werden, als ob sie verheiratet wären. Die Ehe als Idee ist auf der ganzen Linie im Vormarsch.

Man mag das empirisch bestreiten: Erklären nicht immer mehr junge Leute, daß sie die Ehe für unnötig halten? Wird die Heirat nicht immer weiter hinausgeschoben, mittlerweile fast bis zum 30. Lebensjahr? Scheuen nicht immer mehr Geschiedene vor einer zweiten oder dritten Ehe zurück? Steigt nicht die Zahl der Singles? Heißt es nicht überall: »Ich will mich selbst verwirklichen. Die Ehe ist nichts für mich«?

All dies kann anzeigen, daß die Ehe als individuelle Willens- und Notgemeinschaft schwächer wird und trotzdem als kollektive Vorstellung vom Liebespaar stärker. Und wenn dies nicht der Fall wäre, müßten wir schauen, wo die freigesetzten Bindungen denn sonst bleiben. Wandern sie in den Untergrund? Oder in andere Rahmen? Ja, sagen die Individualisierungstheoretiker, sie wandern in frei gewählte Vereinigungen. Nein, nur zum kleinsten Teil, sage ich. Eine illusionslose Analyse ergibt: Sie gehen den umgekehrten Weg. Aus selbstgewählten Rahmen wandern sie zurück in die vorgegebenen Rahmen von Herkunftsfamilie und Herkunftsstaat. Bitte widerlegen Sie es.

Es geht mir nicht darum, recht zu behalten. Es geht mir darum, daß Sie meine Frage übernehmen – ohne die der Individualisierungstheoretiker zu vergessen. Fragen Sie nicht nur: Wo individualisiert es sich, wo eröffnen sich Optionen, zerfallen Traditionen? Fragen Sie:

Wo, wie, in welchem Rahmen werden Optionen eingeschränkt, bilden sich Traditionen, bilden sich kollektive Vorstellungen? Befreien Sie sich aus der halbierten Wirklichkeitssicht der Individualisierungsthese.

Ich nehme an, daß die Vertreter dieser These für sich in Anspruch nehmen, daß auch sie den dialektischen

Zusammenhang von Individualisierung und Rückbindung sehen. Dann verschiebt sich allerdings das
Problem – zu der Frage, warum aus diesem Dualismus
nur der Individualisierungsbegriff herausgegriffen und
zum Signum der Moderne erklärt wurde.

Meine Vermutung ist die folgende: Nach zwei politisch verordneten Kollektivisierungsschüben – im
Dritten Reich mit ungeheuerlichen, in der DDR mit
schlimmen Folgen – ist hierzulande alles, was mit Kollektiv und Gemeinschaft zu tun hat, in hohem Maße suspekt und diskreditiert. Der Begriff der Individualisierung enthält demgegenüber eine Verheißung: daß das,
was als die Wurzel vergangener Übel angesehen wird,
nämlich Autoritätshörigkeit und Gruppenhörigkeit,
sich auflöse. So gesehen ist die Idee der Individualisierung tatsächlich eine erlösende. Nur solche soziologischen Begriffe, die eine Erlösungskomponente haben,
werden wirklich populär. Der »herrschaftsfreie Diskurs« und die »sich selbst organisierenden Systeme«
gehören dazu. Sie antworten auf das gleiche Problem
wie der Begriff der Individualisierung: Wie werden wir
die sozialen Zwänge los? Natürlich wäre es töricht, Jür-
gen Habermas, Niklas Luhmann oder Ulrich Beck er-
löserische Absichten zu unterstellen oder die Schuld
dafür zu geben, daß der Zeitgeist ihre Begriffe – ohne
alle Kautelen, die die Autoren machen – gierig aufsaugt.
So bleibt die beunruhigende Frage, warum ausgerechnet soziologische Aufklärer die Stichworte liefern, die
nach dem Ende der kollektivistischen Utopien die
vakante Stelle von Leitideologien einnehmen.

Demgegenüber ist bei jedem Individualisierungs-
schritt zu fragen, welche vergemeinschaftenden und

vergesellschaftenden, konsensformenden und zwangs-
bildenden, kurz: kollektivisierenden Implikationen er
hat. Und umgekehrt ist in jeder Vergemeinschaftung
die Saat der Individualisierung zu suchen. Mit der Einsicht in diese Dialektik können wir hoffen, dem Illusio-
nismus der großen Einseitigkeiten zu entkommen.
Nicht Verheißungen, sondern Ernüchterungen produ-
ziere die Soziologie.

Alt und Jung

»Die Jugend« ist immer für Schreckensmeldungen gut. Mal folgt sie Irrlehren wie Sozialismus und Nationalismus; mal rebelliert sie, wie die 68er, gegen staatliche und elterliche Autoritäten. Zeitweise gilt sie als »skeptische«, danach als »Null-Bock«-Generation. Gestern wollte sie aussteigen, heute erstrebt sie nichts mehr als Ausbildungsplätze, Aktiendepots, Markenartikel, Statussymbole. Können die Älteren sich nicht mehr über ihren politischen Eifer ereifern, beklagen sie die politische Apathie oder die Gewalt oder die Drogensucht der Jungen. Sie werden bemitleidet und gefürchtet. Für morgen verkünden die Schlagzeilen noch Schlimmeres: »Der Krieg der Generationen« ist angesagt. Die Jungen seien es leid, sich abzuplagen, um einer immer größeren Rentnerschar den Winter auf Mallorca zu finanzieren. Die Solidarität der Generationen schwinde. Ohnehin löse sich im Zuge der Individualisierung die Bindekraft tradierter Werte auf.

Tatsächlich präsentiert sich das Jahrzehnt von Mitte der sechziger bis in die siebziger Jahre hinein als die Dekade des sogenannten »Wertwandelschubs«. Alle Umfragen, die von verschiedenen Instituten in gewissen Abständen wiederholt werden, also einen Zeitvergleich zulassen, zeigen, mit kleinen Abweichungen, dieselbe Tendenz: Die materiellen Dinge – Einkommen und Sicherheit – werden insgesamt weniger wichtig genommen, während die sogenannten postmateriellen

Werte – Teilhabe an Entscheidungen, Selbstentfaltung –
an Wertschätzung gewinnen. Ronald Inglehart hat dies
für eine Reihe von westlichen Gesellschaften im Vergleich festgestellt.[1] Für die Bundesrepublik im besonderen hat Helmut Klages einen Übergang von »Ak-
zeptanz-« zu »Selbstentfaltungswerten« konstatiert.[2]
Heiner Meulemann hat die Daten vieler Umfragen, insbesondere zu Erziehungszielen, zusammenfassend
analysiert.[3] An den Ergebnissen läßt sich wenig deu-
teln: Ja, die Menschen sind in den sechziger und siebziger Jahren kritischer gegenüber Autoritäten, politisch
fordernder, selbstsicherer, genußfreudiger geworden.
Dies trifft besonders auf die Jungen zu.

Als das Aufreißen einer Generationskluft wurde dies
aber damals weniger gesehen. Die Allensbacher Mei-
nungsforscherin Elisabeth Noelle-Neumann erinnert
sich: »Sicher: Wenn wir scharf über den von uns zwischen 1967 und 1972 entdeckten Wertewandel nach-
gedacht hätten, hätten wir eigentlich darauf kommen
müssen. Da innerhalb von nur fünf Jahren jahrhunder-
tealte, hochgehaltene bürgerliche Tugenden ihre Gel-
tung verloren – mußte sich da nicht notwendig ein Graben zwischen den Generationen auftun? Aber so sahen
wir es damals nicht. Wir waren eher fasziniert davon,
wie die Elterngeneration versuchte, mit den Jungen
Schritt zu halten und sie nach einigen Jahren sogar
übertraf im Lobpreisen der Freizeit und im Versichern:

1 Ronald Inglehart: *Modernisierung und Postmodernisierung*, Frankfurt/M./
  New York 1998.
2 Helmut Klages u. a.: *Werte und Wandel*, Frankfurt/M./New York 1992.
3 Heiner Meulemann: *Werte und Wertewandel. Zur Identität einer geteilten
  und wiedervereinten Nation*, Weinheim u. a. 1996.

›Wir leben nicht um zu arbeiten, sondern wir arbeiten um zu leben.‹ Wir waren auf so etwas wie eine Generationskluft auch überhaupt nicht vorbereitet. Noch 1965 gab es bei der Frage nach der bevorzugten Partei zwischen Unter-Dreißigjährigen und Über-Sechzigjährigen kaum einen Unterschied.«

Und heute? Wie ist die Geschichte weitergegangen? »Wir dachten, die deutsche Generationskluft werde sich wieder schließen ... Aber es kam anders. Die Kluft zwischen der Eltern- und Kindergeneration weitete sich die ganzen achtziger Jahre hindurch aus«, heißt es im *Allensbacher Jahrbuch 1993-1997*, in dem der »Entdeckung der Generationskluft« ein besonderer Beitrag gewidmet ist. Diese alarmierende Nachricht steht im Widerspruch zu den Analysen der Soziologen, denen zufolge der Wertwandelschub in den siebziger Jahren ausgelaufen und seither von einer weitgehenden Stabilität der Wertvorstellungen abgelöst worden ist. Sollte die Generationskluft sich gleichwohl vertieft haben?

Ich suchte nach Belegen im *Allensbacher Jahrbuch* selbst – und wurde fündig. Aus mehreren Tabellen konnte ich die Entwicklung von 1981 über 1985 bis 1995 rekonstruieren: Daß sie und ihre Eltern ähnliche politische Ansichten hätten, bejahten von den Personen unter 30 Jahren in Westdeutschland zunächst 29, später 32, zuletzt nur noch 26 Prozent. In allen anderen angesprochenen Lebenssphären aber stieg während der 15 Jahre die Übereinstimmung: in bezug auf Moralvorstellungen von 32 auf 37 Prozent, in bezug auf Einstellungen zur Sexualität von neun auf 15 Prozent, in religiösen Einstellungen von 33 auf 37 Prozent, mit Blick auf Einstellungen gegenüber anderen Menschen von 46

auf 53 Prozent. Entsprechend fiel der Anteil derjenigen, die in keinem der fünf Bereiche Übereinstimmung
mit ihren Eltern sahen, von 27 auf 21 Prozent. In der
Frage nach »ähnlichen Gewohnheiten« wie die Eltern –
die Liste ging von Sauberkeit und Ordnung bis Klei-
dung – fiel die zunehmende Übereinstimmung (diesmal zwischen 1988 und 1996, ausgewiesen für die Ge-
samtbevölkerung) noch deutlicher aus.

Die Allensbacher Daten selbst widerlegen also die
Allensbacher These von der sich ausweitenden Generationskluft! Davon unberührt bleibt ein erstaunlicher
empirischer Tatbestand. Geht man vom Zeitvergleich
zum Kulturvergleich über, dann zeigt sich, in der Ge-
genüberstellung von Daten aus den USA und Deutschland, daß viel mehr junge Amerikaner als junge Deutsche sich in Übereinstimmung mit ihren Eltern sehen,
nämlich in puncto Moralvorstellungen und Einstellung
zu anderen Menschen je 72 Prozent, in bezug auf reli-
giöse Einstellungen 65 Prozent und immerhin noch
41 Prozent in sexuellen Einstellungen. Das bedeutet:
mehr als doppelt soviel Konsens zwischen den Generationen in den USA als in Deutschland. Wie groß die
Übereinstimmung in anderen Gesellschaften ist, wird
nicht berichtet.

Wie dem auch immer sei: Der Unterschied zwischen
der Bundesrepublik und den USA ist so auffällig, daß
er schwerlich mit – immer möglichen – methodischen
Fehlern abgetan werden kann. Er verlangt nach soziologischer Erklärung.

Es liegt nahe, diese historisch dort anzusetzen, wo
auch der Wertwandelschub begann, in der Mitte der
sechziger Jahre. Aber welcher soziale Tatbestand genau

soll dafür verantwortlich gemacht werden? In der öffentlichen Diskussion gibt es eine unstillbare Neigung,
wenn nicht einzelne Personen, so doch bestimmte
Gruppierungen haftbar zu machen: sei es die studen-
tische Jugendbewegung mit ihren idealistischen und
kritischen Gesellschaftsänderungsphantasien, sei es die
Generation der Eltern, die dem kein striktes Erzie-
hungskonzept entgegenzusetzen wußte, ja die Jungen
»sogar übertraf im Lobpreisen der Freizeit« (*Allensbacher Jahrbuch 1993-1997*, S. 133ff.) und so die Aus-
höhlung ihrer Autorität selbst verschuldet haben
könnte. Erklärungen dieser Art sind zwar im sozialen
Leben zutiefst befriedigend, da sie Schuldige dingfest
machen und damit moralische Vorstellungen, das Eli-
xier aller Sozialität, aufrufen und erneuern. Soziologisch taugen sie allerdings nicht. Denn die Frage,
warum sich die Jungen gegen die Erwachsenen und ihre
Gesellschaft wandten, bleibt unbeantwortet. Desglei-
chen die Frage, warum die gesellschaftskritische Bewegung der Jugend, die es beiderseits des Atlantiks gab,
nur auf einer Seite zu einer Generationskluft führen
sollte.

Eine zweite Erklärung, die soziale Prozesse und
Gruppenkonflikte aus tiefinneren Entwicklungs-
spannungen und Desintegrationstendenzen kapitalisti-
scher Gesellschaft herleiten will, hat mit den gleichen
Schwierigkeiten zu kämpfen: Es gibt keinen Anhalts-
punkt dafür, daß die US-Gesellschaft 1980 (als die Harmonie der Generationen drüben und die Kluft der Generationen hüben konstatiert wurde) insgesamt besser
integriert war und ihre Jugendlichen besser integriert
hatte als die deutsche Gesellschaft. Als der von den

68ern inszenierte Generationskonflikt richtig in
Schwung kam, waren seine Träger im deutschen Bil-
dungssystem gut positioniert und in der weiteren Gesellschaft durchaus integriert; Arbeitslosigkeit und Sta-
tusverlust drohten ihnen auf alle Fälle nicht. Es ist
richtig, daß die Jugendarbeitslosigkeit in Deutschland
seit dieser Zeit gestiegen ist. Aber die Generationskluft
hat sich in der gleichen Zeit hierzulande, wie die oben
zitierten Daten zeigen, eher geschlossen! Ein Zusammenhang zwischen »Desintegration«, gemessen an Jugendarbeitslosigkeit oder schwindenden Berufschan-
cen, und Generationskluft ist also nicht auszumachen.

Nicht so sehr in der ökonomischen wie in der moralischen Sphäre bietet sich eine Erklärung dafür an, daß
der Generationsdissens in der Bundesrepublik so viel
größer ist als in den USA. Was Deutschland von den
Vereinigten Staaten und den meisten europäischen Gesellschaften unterscheidet, ist der Bruch im moralischen Selbstverständnis, den die Nazis mit ihrer totalitären Herrschaft und dem von ihnen angezettelten
und verlorenen Krieg, besonders aber mit dem Holo-
caust verursachten. Diese Diskontinuität in der kollektiven moralischen Entwicklung kann in ihrer soziologischen Tragweite nur ermessen werden, wenn man –
mit Emile Durkheim – geteilte moralische Gefühle als
die Essenz des sozialen Lebens überhaupt versteht.
Vermutlich können solche Brüche in den Grundlagen
der Gesellschaft von den Beteiligten gar nicht in dem
historischen Augenblick erkannt werden, in dem sie
durch ein einschneidendes Ereignis – hier: das Desaster
des Dritten Reiches – erfolgen. So wie ein Individuum,
durch schweren Verlust, Krankheit oder Verbrechen

plötzlich zu einem anderen geworden, diese Einsicht
nicht sogleich ertragen kann, sperrt sich auch ein Kollektiv gegen das volle Bewußtsein seines moralischen
Falles. Die Angehörigen der Kriegsgeneration und die
älteren Deutschen hatten alle Hände voll zu tun, um die
Trümmer wegzuräumen und mit der Not und Demüti-
gung einer irgendwie schuldhaft gescheiterten kollektiven Existenz weiterzuleben; die gesamte individuelle
und kollektive Schuld in einem komplexen Ereignis-
und Ursachenfeld auf der Stelle auszuloten, wäre wohl
über die Kräfte gegangen. Es mußten rund zwei Jahr-
zehnte vergehen, bis die nächste Generation, die sich
von individueller Schuld frei wußte, aus einer gewach-
senen Sicherheit heraus ihren Eltern die Schuldfrage
stellen konnte. Dies geschah nicht immer zimperlich.
Zwei Generationen, Eltern und Großeltern, büßten
ihre Autorität ein. Erst die Kinder konnten sich die
neuen liberal-demokratischen Werte der freien Rede,
der Kritik, der Opposition, des Widerstandes gegen die
Staatsgewalt und der demokratischen Verantwortung
zu eigen machen, ohne an ihrer Identität Schaden zu
nehmen. Die Eltern, denen sie diese Werte gleichsam
nachträglich als Richtschnur für ihr früheres Handeln
oder Unterlassen im totalitären Staat ansannen, mußten
sich dagegen wehren: Entweder waren dies tatsächlich
nicht *ihre* Werte gewesen, oder sie hatten nicht danach
handeln können und hatten moralisch versagt. In jedem
Fall waren die neuen Werte der Republik den älteren
Generationen nicht geheuer: Sie bedrohten ihre moralische Integrität und Identität, zumindest die Kontinuität ihrer Identität. Mochte man den neuen Werten auch
ein Lippenbekenntnis leisten – sie ganz und gar anneh-

men, wie es die Jungen taten und für selbstverständlich hielten, konnte man nicht. Vielleicht ist dies der Ursprung eines Generationsbruchs, der der amerikanischen Nation und anderen Siegergesellschaften ganz fremd ist. Auch der Vietnamkrieg bedeutete für die amerikanische Gesellschaft nicht eine vergleichbare moralische Belastung zwischen den Generationen.

Man kann annehmen, daß der Generationskonflikt der sechziger Jahre weitergetragen, also gleichsam sozial vererbt wird, wobei er sich abschwächt (wie es die oben erwähnten empirischen Daten zeigen). Vielleicht kann er sogar auf ein soziales Erbe bauen, das historisch sehr viel weiter zurückreicht, etwa bis zur Jugendbewegung der Jahrhundertwende oder bis zum Sturm und Drang und dem deutschen Idealismus. Dem Politikwissenschaftler Kurt Shell verdanke ich den Hinweis, daß in Europa, insbesondere in Deutschland, durch den Wechsel politischer Loyalitäten zwischen Revolution und Reformation, Demokratie und Diktatur, Republik und Monarchie immer auch Generationskonflikte vorprogrammiert waren, während die Ungebrochenheit des politischen Systems in den Vereinigten Staaten mit der Ungebrochenheit der Beziehungen zwischen Eltern und Kindern in den Siedlerfamilien korrespondierte. Daß es in den USA keine alternativen Angebote politischer Legitimität gab, trug womöglich dazu bei, daß der Generationskonsens in den Familien nicht in Frage gestellt wurde. Auch die manifesten und latenten Konflikte zwischen den verschiedenen Einwanderergruppen Amerikas mögen den Generationskonflikt innerhalb der Familien und ethnischen Gruppen abgeschwächt haben.

Läßt sich die Generationskluft in Deutschland durch Brüche, also schnellen Wandel von moralischen Grundlagen und politischen Legitimitäten erklären, so bietet sich analog dazu eine weitere Erklärung an: ebenfalls über schnellen Wandel, der aber nicht moralisch-politisch, sondern wirtschaftlich-technologisch induziert ist. Die Spannweite und das Tempo des wirtschaftlichen Wachstums und der Produktivität ist in der Bundesrepublik, die nach dem Krieg gleichsam beim Nullpunkt anfing, doppelt und dreifach so groß wie in den USA. Dementsprechend schnell ändern sich die Anforderungen an die Menschen: Der Druck auf die individuellen und kollektiven Vorstellungen, sich anzupassen, vergrößert und beschleunigt sich. Der Jugend gelingt diese Anpassung leichter und schneller als den Älteren. Auch von daher wird die vergleichsweise große, in letzter Zeit aber eher wieder schmaler werdende Generationskluft in der Bundesrepublik verständlich: als Funktion des Entwicklungstempos.

Noch eine andere Begleiterscheinung hat die Steigerung der wirtschaftlichen Produktivität, also des kosten- und arbeitssparenden Fortschritts, worin die Bundesrepublik Weltmeister ist (im Gegensatz zu den USA, wo es den Unternehmen weniger auf arbeitssparende Effizienz- als auf Gewinnsteigerung ankommt, die auch mit vielen billigen Arbeitskräften erzielt werden kann): Je höher die Höhen der Produktivität, zu denen sich eine Gesellschaft aufschwingt, desto tiefer sinkt ihre biologische Reproduktionsrate. Es gibt in der Welt heute eine Mehrheit von reproduktiven Jugendgesellschaften mit niedriger Produktivität neben einer Minderheit von okzidentalen Gesellschaften, die

produzieren, aber sich nicht reproduzieren. Unter den
Alten-Gesellschaften des Okzidents zeigt sich wiederum: Die weniger produktiven, etwa die USA und
Frankreich, weisen relativ mehr Jugend auf als diejenigen mit höchster Produktivität, allen voran die Bundesrepublik. Sie reduziert ihre Jugend am schnellsten.
Das Verdrängen von Reproduktivität durch Produktivität scheint die Kraft eines Naturgesetzes zu haben.
Wie im Laborversuch zeigte es sich nach dem Wende-
jahr 1989: Die Roßkur der Produktivitätssteigerung,
der sich die ostdeutsche Wirtschaft unterziehen muß,
leitet auf der Stelle einen dramatischen Fall der Geburtenrate ein.

Das »Gesetz sinkender Reproduktivität durch stei-
gende Produktivität« – sarkastisch gesagt: der »Vernichtung von Jugend durch ökonomische Effizienz« –
ist um so frappierender, als es dem gesunden Menschenverstand Hohn spricht. Oder wie soll man es erklären, daß gerade die reichsten Gesellschaften, die sich
mehr Kinder leisten können als je zuvor, sich zu den
kinderärmsten machen? Eine Untersuchung darüber
würde in unerforschte Tiefen gesellschaftlicher Funk-
tionsmechanismen führen. Nur soviel sei gesagt: Die
Erklärung liegt nicht bei den Individuen und ihren Entscheidungen, Kinder zu bekommen oder nicht. Erklärungsbedürftig ist nämlich der *Gleichschritt*, zu dem
sich die scheinbar freien Individualentscheidungen
ausrichten, ohne daß irgendeine Instanz oder Person
erkennbar wäre, die ein Kommando gäbe. Verantwortlich sind also kollektive Mechanismen oder gesellschaftliche Zusammenhänge *hinter* den Individuen.

Das Ergebnis ist: Die junge Generation, die früher in

allen und heute noch in den meisten Gesellschaften der
Welt die Mehrheit der Bevölkerung stellt, gerät im Westen in eine Minderheitenlage – und immer mehr so.
Seit 1950 sank der Anteil derjenigen, die jünger als 20
sind, in Deutschland von einem Drittel auf ein Fünftel
der Bevölkerung und wird bald nur noch 15 Prozent
ausmachen. Diese Umkehrung des Mehrheiten-Min-
derheiten-Verhältnisses zwischen Jung und Alt mag
ebenfalls eine Erklärung für die Generationskluft liefern – und zugleich auch eine Antwort auf die Frage, ob
daraus gesellschaftliche Desintegration oder Ausgrenzung der Jugend folgt, wie heute oft sorgenvoll behauptet wird.

Um die Antwort vorwegzunehmen: Die neue Minderheitenlage führt, entgegen den Befürchtungen, nicht
zu einer Ausgrenzung, sondern zu einer stärkeren Einbeziehung der Jugend in die Gesellschaft der Alten. So
stark ist diese einbeziehende Kraft der gesellschaftlichen Mehrheit, daß die Jungen sich gegen die Ver-
einnahmung wehren: Sie richten die Grenzen eigener
Jugendkulturen auf, hinter denen sie untereinander
kommunizieren können und wenigstens zeitweise vor
den Beziehungsansprüchen der Überzahl der Älteren
sicher sind. Gerade weil sie heute viel mehr mit Älteren
umgehen müssen als die Generationen vor ihnen, gewinnen sie, aufgrund größerer sozialer Nähe und Rei-
bungsflächen, ein feineres Gespür für die Unähnlichkeiten zwischen den Generationen. Die Wahrnehmung
dieser Unähnlichkeiten, die noch betont werden, um
durch Abgrenzung einen eigenen Entwicklungsweg zu
finden, schlägt sich in den Umfragen nieder: als Generationskluft eben.

Die Einsicht, daß Zahlenverhältnisse und ihre Veränderung zwischen Mehrheiten und Minderheiten soziologisch höchst relevant sind und als Wissens-, Gefühls- und Machtbeziehungen soziale Integration beeinflussen, ist ungewohnt und wird deshalb im folgenden ausführlicher erläutert. Sie wurde vor über 20 Jahren von Peter M. Blau in seinem Buch *Inequality and Heterogeneity* (1977) mit dem bezeichnenden Untertitel »A Primitive Theory of Social Structure« entwickelt. Es ist ein genialer soziologischer Wurf, dabei so trocken, daß niemand es kennt; erst recht in Deutschland nicht, wo man die einfache Einsicht scheut.

Sie lautet: Immer wenn persönliche Beziehungen zwischen sozialen Gruppen oder Klassen bestehen, ist die kleinere darin stärker einbezogen als die größere. Anders gesagt: Minderheiten sind mehr/stärker auf Mehrheiten bezogen als umgekehrt. Ein und dieselbe Beziehung, obwohl eine gegenseitige, ist also ungleich stark: in die eine Richtung stärker als in die andere; von der Minderheit in Richtung auf die Mehrheit stärker als umgekehrt. Dies gilt für Beziehungen zwischen ethnisch, religiös oder geschlechtlich definierten Minderheiten und Mehrheiten. Es gilt auch für Beziehungen zwischen kleinen und großen Ländern. Und es gilt für Beziehungen zwischen kleinen und großen Generationen. Es gilt im großen Rahmen genauso wie in der kleinen Familie.

Vor 100 Jahren zogen Eltern im Schnitt vier Kinder groß. Wenn Vater und Mutter jeweils mit jedem Kind (im Jugendalter) einmal am Tag sprachen, dann hatte jede Person aus der Elterngeneration vier Bezüge zur jungen Generation. Umgekehrt hatte aus dieser nach-

folgenden Generation jedes Kind nur zwei, also nur
halb so viele Bezüge zur älteren Generation. Wir können es auch so sagen: Die individuellen Beziehungen
zwischen den Generationen innerhalb ein und derselben Familie waren ungleich verteilt: Vier Beziehungen
pro Elternteil – und nur zwei pro Kind. Wie ungerecht!

Machen wir den Sprung in die Gegenwart. Heute
fallen auf zwei Eltern hierzulande 1,3 Kinder – sagen
wir: ein Kind. Wenn jedes Elternteil mit dem Heran-
wachsenden einmal pro Tag spricht, dann gibt es pro
Elternteil einen Bezug zur jungen Generation, umgekehrt aber, aus der jungen Generation heraus, zwei Bezüge zur älteren Generation. Die ungleiche Verteilung
der Beziehungen zwischen Alt und Jung hat sich umgekehrt.

Wiederum ungerecht, könnte man sagen. Im Laufe
der Zeit ist die Elterngeneration, was ihre Beziehungen
zu den Kindern angeht, verarmt. Die Kindergeneration
dagegen wird beziehungsreicher in die Erwachsenenwelt eingebunden.

Die stärkere Bezogenheit der Jugend auf die Erwachsenen wird noch deutlicher, wenn man den Rahmen der Familie, das »Hotel Mama« verläßt, was die
jungen Leute eines Tages – wenn auch spät und ungern
– ja tun. Folgen wir ihnen in den größeren gesellschaftlichen Rahmen, in dem sie studieren, arbeiten, einkau-
fen, reisen. Fast überall im öffentlichen Leben stehen
die Jungen einer fünffachen Überzahl von Erwachsenen gegenüber. Laut Statistik: 80 Erwachsene gegen
20 Jugendliche. Hat jeder von diesen einen Kontakt pro
Tag über die Generationsgrenze hinweg, dann haben
die Jungen allesamt, also zu 100 Prozent eine Bezie-

hung in die Erwachsenenwelt, aus dieser heraus aber nur 20 von 80, also ein Viertel aller Personen, eine Beziehung zur Jugend.

Wer diese Ungleichverteilung der Beziehungen zwischen den Generationen ändern möchte, könnte auf drei Ideen verfallen. Er könnte, als Erwachsener, mehr Kontakte zur Jugend aufnehmen; oder sich mit anderen Erwachsenen zusammentun und sich die Kontakte zur knapp gewordenen Jugend teilen; oder Abhilfe über Neue Medien suchen.

Nehmen wir den ersten Fall: Nicht mehr nur jeder vierte, sondern alle Erwachsenen laden junge Leute zum Essen ein, diskutieren mit ihnen, gehen auf ihre Feste – ohne als »Gruftis« zurückgewiesen zu werden. Da es aber viermal mehr Erwachsene als Jugendliche gibt, müßte jeder Jüngere viermal soviel Zeit für Erwachsene aufwenden als umgekehrt. Die ungleich stärkere Einbezogenheit der Jugend in die Erwachsenenwelt bleibt, ob es nun viel oder wenig Kommunikation zwischen den Generationen gibt!

Um die Jugendlichen zu entlasten, könnten sich Erwachsene zu Gruppen zusammenschließen, die dann jeweils kollektiv, zu viert etwa, eine Beziehung zu einem Jugendlichen pflegen. Dieser würde seine Beziehungen zu vier Erwachsenen gleichsam zu einer zusammenfassen und Zeit sparen – das Beziehungsbudget zwischen den Generationen wäre in der Balance. Diese Situationen gibt es, etwa Weihnachten und bei anderen Familienfeiern. Aber im Alltag geht die Entwicklung in die entgegengesetzte Richtung: Die Älteren treten den Jüngeren seltener als Gruppen entgegen und fordern, etwa in geschiedenen und getrennten Familien, häufi-

ger als einzelne Beziehungsrechte ein. Hinzu kommen
die Beziehungsansprüche von allein lebenden und immer länger lebenden Großeltern und Urgroßeltern.

Eine dritte Möglichkeit, die Beziehungsbalance zwischen Erwachsenen- und Jugendwelt auszugleichen,
könnte in der Technisierung der Kommunikation ge-
sucht werden: Die Erwachsenen sehen sich die Jugendwelt im Fernsehen an. Aber über die dort gezeigten
Musikszenen, Gewalt, Talkshows werden sie weniger in die Jugendwelt einbezogen, als von ihr abgestoßen.

Fazit: Das Ungleichgewicht in den Beziehungen
zwischen Jungen und Erwachsenen ist durch mehr
Kontakte, mehr Gruppenbildung, mehr Technik nicht
aufzuheben. Es liegt nicht in den Absichten oder der
Macht von handelnden Individuen begründet, sondern
allein in ihrem Zahlenverhältnis. Es könnte deshalb nur
durch eine Veränderung von Zahlen – in diesem Fall
Kinderzahlen – geändert werden.

Weitet man den Blick über die kinderarmen westlichen Gesellschaften hinaus und bezieht die kinderreichen Gesellschaften, also die Weltbevölkerung insgesamt ein, dann ändert sich das Bild. Weltweit ist
Jugend keine Minderheit, sondern macht – drauflos geschätzt – 50 Prozent der Weltbevölkerung aus. Hinter
einer solchen Durchschnittszahl verbergen sich zwei
völlig unterschiedliche Gesellschaftstypen: Die reproduktiven Gesellschaften, in der die Minderheit der Alten stark in die Mehrheitswelt der Jugend einbezogen
ist. Und die produktiven Gesellschaften, in denen Jugend als eine Minderheit mehr Beziehungen zur Erwachsenenwelt hat als umgekehrt. Ganz im Wider-

spruch zu unseren Vorurteilen legt die bisherige Analyse nahe, daß in den modernen Gesellschaften Jugend
nicht gesellschaftlich ausgegrenzt, sondern über die
Maßen einbezogen, ja überintegriert ist.

Zwischenmenschliche Beziehungen als Zahlenverhältnisse zu analysieren, ist irritierend, sind wir doch
gewohnt, Art und Qualität sozialer Beziehungen wichtiger zu nehmen als deren Quantität. Aber Qualitäten
hängen auch von Quantitäten ab. Und in welcher Hin-
sicht sollen wir von der Qualität sozialer Beziehungen
sprechen? Um der Frage nachzugehen, brauchen wir
eine Vorstellung davon, was in sozialen Beziehungen
vor sich geht. Die Vorgänge lassen sich als vier span-
nungsreiche, dialektische Prozesse verstehen:
– Kommunizieren oder Sichmitteilen, wobei Wissen und Unwissen entstehen;
– Werten, wobei jedem Vorziehen ein Zurücksetzen
entspricht;
– Bestimmen, worin sich Macht und Ohnmacht
äußern;
– Teilen, wodurch das, was man mit anderen teilt,
zugleich konflikthaft von Dritten trennt.
Dementsprechend lassen sich die Beziehungen zwischen den Generationen als Wissensbeziehungen, Ge-
fühls- oder Wertbeziehungen, Machtbeziehungen und
Konfliktbeziehungen untersuchen.

Es ist eine geläufige Vorstellung, daß das sachliche
und moralische Wissen einer Kultur den Jungen von
den Älteren mitgeteilt wird. Aber dieses Konzept gesellschaftlichen Lernens greift zu kurz. Zum einen lernen die Generationen gegenseitig voneinander. Zum
anderen ist das, was gelernt wird, in der Art und im Er-

gebnis immer etwas anderes, als vorgegebene Lernziele
oder Werte glauben machen: Es ist ein Beziehungswis-
sen, das sich weitgehend ungewußt, unbewußt und ungewollt einstellt – als Resultante der Beziehungen zwischen den Generationen.

Die Älteren verlieren heute den Status der Wissen-
den und Weisen; nicht nur, weil ihr Sachwissen schneller verfällt, sondern auch – und hauptsächlich – weil sie
sich von einer Minderheit in eine Mehrheit verwandeln
und deshalb weniger in die Jugendwelt einbezogen
werden als umgekehrt. Die Jugend dagegen hat als immer kleinere Minderheit immer mehr Beziehungen in
die Erwachsenenwelt hinein. Sie lernt dabei auch relativ mehr über die Erwachsenen als vice versa; und relativ mehr als sie früher über die Erwachsenen gelernt
hat. Ihr wächst das zu, was ich »das Mehrwissen der
Minderheit« nennen möchte.

Wohlgemerkt: Nicht weil sie jung ist, lernt die Jugend besser – das auch! –, sondern weil sie zur Minderheit geworden ist. Die Klugheit der Minderheiten entsteht nicht, weil sie das neuere Wissen oder die besseren
Wahrheiten hätten, sondern einfach deshalb, weil ein
größerer Teil der Minderheit in lehrreiche Beziehungen
zur Mehrheit verwickelt ist als umgekehrt. Ob die
Minderheit dabei die Werte der Mehrheit annimmt
oder sich ihnen entzieht oder entgegenstellt, ist völlig
unwichtig. Denn die Klugheit zeigt sich nicht im Er-
lernen von deklamierten Werten (wie »Ordnung«,
»Selbstentfaltung«, »Gerechtigkeit« etc.), sondern im
Umgang miteinander, gerade auch über Unstimmiges
hinweg. Deshalb wirken Heranwachsende heute
selbstsicherer als früher. Und noch eine Erklärung gibt

es für die Klugheit der Minderheit: Sie muß immer auf der Hut sein vor der Macht der Mehrheit.

Das relative Mehrwissen der Minderheit stellt sich unbewußt und unbeabsichtigt ein. Ja, die Jugend als Minderheit wehrt sich sogar gegen den Erfahrungsvorteil, den sie der übermäßigen Einbeziehung in die Erwachsenenwelt verdankt. Die Jugend bedankt sich: Sie möchte das gar nicht haben. Sie möchte in Ruhe gelassen, weniger in Anspruch genommen, weniger kontrolliert werden. Deshalb zieht sie den Älteren Grenzen – die Grenzen eigener Jugendkulturen.

Auch wenn sie sich gelegentlich aggressiv aufspielen: Jugendkulturen sind defensive Einrichtungen, in denen die jungen Leute etwas von den Freiräumen zu retten suchen, die sie in agrarischen Gesellschaften mit vielen Geschwistern und Gleichaltrigen selbstverständlich hatten. Daß die Gesellschaft die Jungen ausgrenze, wird oft dahingesagt, stimmt aber nicht (mehr)... Das war einmal – als die Alten in der Minderheit waren und, als Gerontokraten, ihr Wissen gegen die Mehrheit der anstürmenden Jugend abschirmten. In den reproduktiven Gesellschaften mag es noch so sein. In den produktiven Gesellschaften ist es umgekehrt. Sie erdrücken ihre Jugend mit Beziehungen, die von der Überzahl der Alten kommen. Dies geht, da Beziehungen nicht unbeschränkt vermehrbar sind, auf Kosten der Beziehungen unter Jugendlichen selbst. So manövrieren sich moderne Gesellschaften in die Paradoxie, daß sie immer mehr neues Wissen als Zukunftswissen fordern, aber immer mehr Altenwissen als Herkunftswissen bieten.

Wie jede soziale Beziehung ist auch die zwischen Jung und Alt unweigerlich eine vor- und zurückzie-

hende, eine anziehende und abstoßende, das heißt eine
wertende. Der Wert der Jugend ergibt sich aus dem
Wert des Lebens selbst. Jugend lebt länger, sie überlebt
die Älteren. Als Individuen mögen diese es den Jungen
neiden – eine besondere Art der Wertschätzung –, aber
auch zum individuellen Weiterleben sind sie im Alter
auf die Pflege durch Jüngere angewiesen; erst recht
können die kollektiven, mit anderen geteilten Elemente
des Lebens – Werte wie Wohlstand, Liebe, Toleranz –
nur über Jugend weitergegeben werden.

Wer also, als gesellschaftliches Wesen, über die individuelle Existenz hinausdenkt und das eigene Leben
auch als ein kollektives begreift – tun das nicht gerade
ältere Menschen? –, für den wertet sich die Jugend, die
er selbst nicht mehr hat, noch einmal besonders auf. Zu
spät, möchte man sagen, wenn er, in jungen Jahren, die
Fortzeugung von Jugend geringgeschätzt hat.

Dies ist vielleicht das größte Rätsel, das uns die modernen, produktiven Gesellschaften aufgeben: die Ab-
wertung des Kindersegens. Zwar haben auch junge
Leute, in ihrer großen Mehrheit, den Wunsch nach – im
Durchschnitt zwei – Kindern. Aber hinter die Bil-
dungs-, Erwerbs-, und Moralzwänge (Gleichberechtigung, Selbstentfaltung) der modernen Welt tritt dieser
Wunsch faktisch zurück. Dies ist um so erstaunlicher,
als Kinder für die Eltern und Jugend für die Älteren
nicht nur den Nutzwert der individuellen und kollektiven Lebensverlängerung haben, sondern auch einen
Gefühlswert. Er versteht sich von selbst. Affektuell,
sexuell oder ästhetisch: In jedem Falle ist Jugend für die
Älteren anziehender als umgekehrt.

Wenn Jugend zu einer Minderheit wird, verändert

sich ihr Wert im Verhältnis zu älteren Generationen.
Ihr Wert steigt, aber er fällt auch. Was Jugend an Selten-
heitswert gewinnt, verliert sie an Mehrheitswert.

Ob es uns gefällt oder nicht: Als gesellschaftliche
Wesen schätzen wir Mehrheiten und die von ihnen verkörperte Normalität höher als Minderheiten, die vom
Normalfall abweichen. (Anders wären unsere Gegen-
anstrengungen, Minderheiten zu tolerieren und zu
schützen, nicht nötig.) Vor 100 Jahren, in der reproduktiven Gesellschaft, war es, wie gesagt, normal, vier
Kinder zu haben. Das Vier-Kinder-Haben wurde gesellschaftlich höher bewertet als das Ein-Kind-Haben.
Heute ist es umgekehrt: Wir leben in einer Gesellschaft
mit wenig Jugend. Dies ist für uns der Normalfall geworden. Deshalb ziehen wir ihn einer Gesellschaft mit
viel Jugend, etwa der deutschen um die Jahrhundertwende, oder der ägyptischen oder indischen, vor. Wir
tun dies unwillkürlich und unbewußt (auch wenn wir
die Schönheit und Wärme Indiens und Ägyptens prei-
sen). Werten ist kein intentionaler Prozeß – oder nur
zum kleinen Teil.

Weil uns die Vielzahl von Eltern-Kind-Beziehungen
verlorengegangen ist, steigt der Gefühlswert der wenigen Beziehungen, die uns geblieben sind. Zum einen,
weil die Familien kleiner geworden sind und damit jede
Eltern-Kind-Eltern-Beziehung zu einer Rarität wird.
Zum anderen deshalb, weil sich die Zahlenverhältnisse
zwischen den Generationen verkehrt haben: Immer
mehr Eltern, Großeltern, Urgroßeltern müssen sich in
die Rarität einer Beziehung zum Einzelkind teilen.
Dieses wiederum sieht sich von relativ vielen älteren
Verwandten umstellt.

Werden die Jugendlichen durch diese Minderheiten-
konstellation, wie es manchmal heißt, »gefühlsmäßig
überlastet«? Dazu gibt es kein empirisch gesichertes
Wissen. Allerdings nähern sich die familialen Beziehungen in dem Maße »reinen« Gefühlsbeziehungen, in
dem wirtschaftliche Erwägungen und Alterssicherung
aus ihnen ausgelagert und dem Sozialstaat überantwor-
tet werden. Dadurch wird die Beziehung zwischen Alten und Jungen zu einer Interessenbeziehung, genauer
zu einer Beziehung kollektiver Interessen, die nicht
mehr im Rahmen der Familie, sondern in größerem
Rahmen verfolgt werden.

Das ist das Thema, bei dem die öffentliche Diskussion seit Jahren einrastet. Als Hauptproblem sieht sie
die materielle oder wirtschaftliche Überlastung der
Jüngeren: Immer weniger Junge müssen für immer
mehr Alte aufkommen. Eine Umorganisation der Rentenversicherung von kollektiver zu privater Vorsorge,
vom Umlage- zum Kapitaldeckungsverfahren, von
der beitragsfinanzierten Rente zur steuerfinanzierten
Grundsicherung soll Abhilfe schaffen. Die Vorschläge
sind so intelligent wie der Mann, der seinen Schlüssel
unter der Laterne sucht, obwohl er ihn ganz woanders
verloren hat. Denn sie verschieben nur Geldbeträge
innerhalb derselben Generation, in der Regel zu Lasten
der sozial Schwächeren. Am Grundproblem der un-
gleichen Lastenverteilung *zwischen* den Generationen
aber gehen die Vorschläge vorbei. Denn nach wie vor
muß eine schrumpfende Zahl jüngerer Leute die materiellen Güter herstellen und die Dienste leisten, von denen die wachsende Zahl der Alten länger lebt.

Zum Glück ist dies nicht weiter schlimm. Denn wie

viele Probleme, die im Zentrum des öffentlichen Interesses stehen, existiert es nicht; genauer: Es ist längst gelöst. Die seit Jahrzehnten bewährte Lösung heißt Produktivitätsfortschritt. Dank steigender Produktivität können immer weniger aktive Jüngere immer mehr Ältere durchfüttern, sogar bei steigendem Lebensstandard für alle! Was immer die Verknappung von Jugend an Problemen nach sich zieht: ökonomischer Art sind sie nicht.

Allerdings, wie immer im Leben: »Problemlöser Produktivität« löst nicht nur Probleme, sondern schafft auch neue; in erster Linie Arbeitslosigkeit. So perfekt spielt Produktivitätssteigerung ihre Rolle als künstliche Jugend, daß sie einen Teil der echten Jugend von Arbeitsplätzen verdrängt und sich an ihre Stelle setzt. Nicht nur daß sie Arbeit durch Kapital ersetzt – wenn es nur das wäre! Schlimmer ist, daß sie allen, die in der modernen Wirtschaft ihren beruflichen Platz suchen, enorme fachliche Fähigkeiten abverlangt, und dazu noch die alten Tugenden der Zuverlässigkeit, des Fleißes, der Einsatzfreude und die neuen der Flexibilität, der Rapidität, der Imagination, der Kommunikation… Je mehr Leistung verlangt wird, desto mehr junge Leute gibt es auch, die da nicht mithalten können. Die Überforderung ist nicht materieller Art, sondern rührt aus der Dynamik der Leistungssteigerung her. So erklärt sich, daß es Jugendarbeitslosigkeit gibt, obwohl Jugend knapp geworden ist, und die Aufgaben, die auf sie warten, unendlich groß sind.

Auch ein anderes Problem im Verhältnis der Generationen erweist sich als Scheinproblem: die sogenannte »Kündigung des Generationenvertrages« durch

die aktive jüngere Bevölkerung. Sie sei es leid, einen
großen Teil ihres Einkommens an die Älteren zu übertragen, heißt es. Aber der politisch absichtsvoll be-
schworene Krieg der Generationen findet nicht statt.
Selbst wenn man den Produktivitätsfortschritt außer
acht läßt und sinkende Realeinkommen annimmt: Die
mitteleuropäischen Gesellschaften verfügen über gut
eingespielte sozialpolitische (»korporatistische«) Institutionen, die mögliche Einkommenseinbußen zwischen Jung und Alt hinlänglich gerecht verteilen. Nur
scheinbar handelt es sich dabei um das Verschieben von
Geldsummen zwischen abstrakten Bevölkerungsgrup-
pen. Die Beteiligten sind einander nicht fremd, sondern
gehen Tag für Tag miteinander um. Alte und Junge sind
durch Interesse, aber auch durch Liebe verbunden.
Und die Jungen wissen, daß sie selbst auf dem Weg
sind, alt zu werden. Das Geheimnis für die Akzeptanz
und den Erfolg umverteilender Sozialpolitik liegt au-
ßerhalb der Politik selbst, in ihrem Hinter-Grund per-
sönlicher Bindungen.

Das Problem, auf das wir immer wieder zurückgewiesen werden, ist letztlich weder ökonomischer
noch sozialpolitischer Natur. Es liegt in der Verminde-
rung von Jugend und dem daraus folgenden Ungleichgewicht der persönlichen Beziehungen zwischen Jung
und Alt.

Als eine Lösung des Problems schwebt vielen der
Import von Jugend aus reproduktiven Gesellschaften
vor. Durch Migration läßt sich, in weltgesellschaft-
licher Perspektive, ein allmählicher Ausgleich zwischen Interessen und Lebenschancen reproduktiver
und produktiver Gesellschaften denken. (Dahinter

steht die Erwartung, daß die produktiven Gesellschaften den Weg in die Zukunft bestimmen und daß die reproduktiven Gesellschaften sich ihnen anverwandeln.)

Allerdings: Es wird nicht nur Jugend importiert,
sondern auch die Prägung dieser Jugend aus den reproduktiven Gesellschaften: eine Prägung durch eine jugendliche Mehrheit, ausgerichtet auf eine Minderheit
von weisen Alten. Diese besondere Autoritätsprägung
könnte auch den Älteren hierzulande gefallen: Die ein-
wandernde Jugend bringt die Achtung vor dem Alter
mit, die die einheimische Jugend vermissen läßt.

Diese Erwartung wird allerdings oft enttäuscht. Die
einwandernden Jugendlichen treffen nämlich hier, in
der Altengesellschaft, auf eine Mehrheit von Alten, deren Beziehung zu den Jungen zwar äußerlich permissiv
ist, ihnen aber eine internalisierte Disziplin und Verantwortung abverlangt, die in autoritären Gesellschaften
nicht gelernt wurde. Der gegenseitigen Achtung tut das
nicht gut. Und die Achtung vor den eigenen Eltern, die
aus der Türkei oder Vietnam mitgekommen sind, gerät
auch ins Wanken. Sie werden in Europa doppelt abge-
wertet, weil ihr sozialer Status hier niedriger ist als dort,
wo sie herkommen, und weil die rigide Art ihrer elterlichen Autorität, wie die Jungen spüren, in die produktiven Gesellschaften nicht hineinpaßt.

Die zuwandernden Jugendlichen geraten so in einen
Konflikt von kulturellen Beziehungsmustern; sie sind
sich nicht mehr sicher, welche Regeln die richtigen
sind. Sie bringen eine befremdliche Lebendigkeit und
Unruhe in die Gesellschaft der Alten. Kein Wunder,
daß sie auffallen: als Fremde und als Jugendliche, als
Minderheit in der Minderheit. Die Altengesellschaft

mit ihren gesteigerten Ruhebedürfnissen ist schnell bei
der Hand, ungewohnte Unruhe als Gewalt zu definie-
ren. Je mehr sie sich als Zivilgesellschaft versteht, desto
allergischer reagiert sie auf alles, was nicht gerade so zi-
vil daherkommt. An die Stelle der elterlichen Gewalt,
von der Zivilgesellschaft ironischerweise unterminiert,
setzt diese ihre Staatsgewalt. Sie greife nicht hart genug
durch, heißt es oft. Wirklich nicht? Wie soll man es
dann erklären, daß der größte Teil der eingekerkerten
Jugendlichen Ausländer sind?

Jugendgewalt, ein beliebtes Dauerthema der öffentlichen Diskussion, hat viele Interessenten, wie Heinz
Steinert in einer prägnanten Analyse gezeigt hat.[4] Die
Kulturindustrie ist daran interessiert. »Viele Jugendliche sind selbst an ihrem schlechten Ruf ziemlich
interessiert.« Und die Gesellschaft ist daran interessiert: Als Zusammenhalt geteilter moralischer Gefühle
braucht sie deren Erregung durch abweichendes Verhalten, deren verwerflichstes sie als Gewalt definiert. In
der Empörung über Gewalt und Unmoral konstituiert
sie ihre moralischen Gefühle, also sich selbst. Gewalt
ist konstitutiv für Gesellschaft.

Normalerweise sorgt die eigene Jugend für genug
Normverstöße, um den konstitutiven Prozeß in Gang
zu halten. Was aber, wenn der Gesellschaft ihre Jugend
als beunruhigendes und bewegendes Ferment ausgeht?
Sie läßt sich etwas einfallen. Entweder weitet sie den
Gewaltbegriff aus: Was früher eine Schlägerei war,
heißt heute Jugendgewalt. Oder sie verschärft ihre

---

4 Heinz Heinert: »Aus der Geschichte der Gewalt und der Untergänge. Wie
   und warum uns die Jugend beunruhigt«, in: *Merkur. Deutsche Zeitschrift für
   europäisches Denken*, Heft 12, Dezember 1998.

Wachsamkeit. Oder sie importiert Gewalt. Nichts ist einfacher. Denn die jungen Leute, die es aus den reproduktiven in die produktiven Gesellschaften zieht, werden hier fast automatisch zu Straffälligen gemacht. Dies trifft nicht auf die Nachkommen der Gastarbeiterfamilien zu, die Wurzeln geschlagen haben; wohl aber auf Neuankömmlinge, die mißtrauisch beäugt werden. Oft wird schon ihr Herkommen und Hierbleiben-Wollen als Straftat oder als moralisches Vergehen (»Asylmißbrauch«) gebrandmarkt. Das fordert entweder die Staatsgewalt oder unorganisierte Gewalt von einheimischen Jugendlichen gegen das Fremde heraus.

So machen die weltoffenen, transnationalen Zivilgesellschaften auch ihre Gewalterfahrung transnational. Über ihre Grenzen hinweg ziehen sie junge Leute an und bringen sie in ihre Gewalt. Das alles geschieht ohne Plan und Willen, ja widerwillig. Ob die »Jugend der Welt« – der reproduktiven Welt – nun eingesperrt oder, wie der berühmte Mehmet, ausgesperrt wird: Es wird hier über sie bestimmt. Auch die Machtfrage zwischen den Generationen stellt sich heute transnational.

Zu allen Zeiten haben die Erwachsenen Macht über die Jungen gehabt. In den reproduktiven Kulturen wird die Generationenmacht abgemildert, weil sie sich schnell umwälzt und die Jugend in der Mehrheit ist. In den modernen Produktivkulturen dagegen bestimmen immer mehr Eltern, Großeltern, Urgroßeltern über immer weniger Nachwuchs. Und sie bestimmen immer länger. Das ist in der Familie so, wo die Kinder lange abhängig bleiben, und in der Bildungsgesellschaft, wo die verlängerte Ausbildung die Jungen lange von den entscheidenden Berufsfunktionen fernhält (in Deutsch-

land übrigens länger als in den nicht ganz so kinderarmen USA und Frankreich). Es ist nicht anders in der
Wirtschaft, wo die Alten über mehr Funktionen und
Vermögen verfügen als je zuvor, und in der Politik, wo
sie die Stimmenmehrheit haben. Was die Macht zwischen den Generationen angeht, steht die Jugend
scheinbar auf verlorenem Posten. Und alle Kinder- und
Jugendschutzgesetze, Kinder- und Jugendparlamente,
die Herabsetzung des Wahlalters, die Bewegung zur
völligen rechtlichen Gleichstellung von Kindern können es nicht ändern: Die Zahlen- und Funktionsmacht
der Alten steigt ins Erdrückende.

Nur die Dialektik der sozialen Prozesse sorgt dafür,
daß die Bäume nicht in den Himmel wachsen. Denn gerade weil sie kleiner und knapper wird, wird die Jugend
auch mächtiger. Es sind die Macht des Wissens und die
Macht der Liebe, die auf ihrer Seite sind. Genauer: die
Macht des relativen Mehrwissens, die (wie oben gezeigt) den Minderheiten unmerklich zuwächst, und die
Macht, mehr geliebt zu werden, die daher rührt, daß
immer mehr Erwachsene, besonders Alte, sich um die
Liebe von immer weniger Jungen bemühen müssen.
Schließlich ist es die Macht des Überlebens, also eine
zukünftige Macht, die die später Geborenen den früher
Geborenen voraus haben. Irgendwann werden alle äl-
ter, mächtiger und wieder ohnmächtiger. Vielleicht ist
es diese tiefere (durch keine moderne Entwicklung auf-
hebbare) Identität von Alt und Jung, die die Rede vom
Krieg der Generationen so hohl erscheinen läßt.

Dennoch. Es gibt zwischen den Generationen genü-
gend widerstrebende Willen, Werte und Interessen, um
Machtkämpfe zu schüren: Die Jungen lärmen, die Al-

ten suchen Ruhe; die Jungen fordern Freiräume, die Alten Ordnung; die Jungen verlangen Geld für Bildung,
die Alten für Renten und Gesundheit; die Jungen pla-
nen für viele Lebensjahre, die Alten nur noch für wenige. Und es gibt, seit einigen Jahren, sogar eine partei-
übergreifende Organisation dieser Konflikte durch die
»Stiftung für die Rechte zukünftiger Generationen«
um den rührigen und ideenreichen Studenten Jörg
Tremmel. Aber auch diese Organisation, die die politische Auseinandersetzung sucht, sieht bewährte Alte
lieber als Mitglieder ihres Kuratoriums denn als Geg-
ner oder gar Feindbilder. Woran liegt es, daß sich der
schon oft angesagte Kampf zwischen den Generationen partout nicht einstellen will?

Es liegt daran, daß es zwischen Jung und Alt unendlich viel mehr Gemeinsames als Trennendes gibt und
daß das Verbindende im Vergleich zum Trennenden sogar wichtiger wird. Anders gesagt: Die Trennlinie zwischen den Generationen ist zusehends weniger kon-
fliktträchtig als andere gesellschaftliche Trennlinien,
etwa zwischen Klassen, Religionen, Herkunftskulturen. Klassenkonflikte, noch mehr aber kulturelle Konflikte, graben dem Generationenkonflikt das Wasser ab.

»Keiner lebt für sich allein.« Das gilt auch für soziale
Konflikte. Konflikte konkurrieren miteinander: um
gesellschaftliche Aufmerksamkeit, Engagement, kollektive Gefühle. Wenn sich Konfliktfronten kreuzen,
durchkreuzen sie einander; sie stören und schwächen
sich gegenseitig. Nichts schwächt einen Konflikt mehr
als andere Konflikte, die durch seine Front laufen. Ein
Generationenkonflikt, in dem sich Eltern und Heranwachsende wegen deren Taschengeld oder Rastalocken

in den Haaren liegen, mag erbittert geführt werden. Er erweist sich aber als wenig nachhaltig, wird das Familieneinkommen durch höhere Steuern oder niedrigere Sozialhilfe angegriffen. Sogleich vereinen sich die streitenden Generationen in gemeinsamem Interesse gegen die politische oder wirtschaftliche Klasse, die ihnen das eingebrockt hat. Klassenkonflikte, obwohl oft totgesagt, leben länger als Generationenkonflikte.

Zu deren Schwächung trägt bei, daß die Grenzen zwischen den Generationen doppelt durchlässig sind: Die Alten waren selbst jung, und die Jungen werden wie von selbst in die Mehrheit der Älteren aufsteigen. Jugendliche teilen mit ihren nächsten Älteren, den Eltern, soziale Klasse, Religion, Herkunft und Alltagskultur. Um sich aus soviel Übereinstimmung zu befreien, schaffen sie sich eine eigene Jugendkultur; deren Grenzen werden durch laute Musik gezogen – und durch die Illusion, ganz anders zu sein als die Älteren. Aber während die Jungen der Jugendkultur unweigerlich entwachsen, wachsen sie, als Erwachsene, in ihre Herkunftskultur wieder hinein.

Jugendkultur – Pop und Pizza, Internet-Cafés und Love Parade – kann heute transnational sein, Herkunftskultur nicht. Ja, ärgerlicherweise läßt gerade die Öffnung der Märkte und Kulturen, Globalisierung genannt, die Besonderheiten der Herkunftskulturen prägnanter hervortreten. Indem wir neuerdings mehr soziale Beziehungen und Nähe mit Fremden teilen, wird auch deutlich, was wir nicht mit ihnen teilen: Erziehungsstile, Auffassungen von Autorität, Toleranz und Gewalt, eine ältere Geschichte der Aufklärung und eine jüngere der kollektiven Scham – kurz: das, was

man kulturelle Herkunft nennt. Von handfesten Interessendifferenzen zu schweigen.

In der Konfrontation mit anderen Kulturen – mag
diese nun bedrohlich erscheinen oder nicht – wird das,
was alte und junge Generationen teilen – gemeinsame
Herkunftskultur ebenso wie gemeinsame Interessen,
etwa am Sozialstaat – unwillkürlich wichtiger als das,
was die Generationen trennt. Die Altersunterschiede
zwischen den *Kulturen,* insbesondere zwischen reproduktiven und produktiven Kulturen, fallen nun stärker
ins Gewicht als die – kleineren – Altersunterschiede
zwischen den *Generationen* in ein und derselben Kultur. Der Konflikt der Generationen, meist auch der
Konflikt der Klassen, bricht sich am Konflikt der Kulturen.

So sieht es zumindest aus dem Blickwinkel der aufnehmenden Mehrheitskulturen, also der europäischen
Gesellschaften aus. Für die ethnischen Minderheiten
der Zuwanderer können die Dinge andersherum laufen: In türkischen Familien, in denen die Jugendlichen
genau so wie ihre deutschen Altersgenossen leben
möchten, kommt es darüber zum Konflikt zwischen
den Lebensarten ihres Herkunfts- und ihres Aufnah-
melandes, das vielen bereits zur zweiten Herkunft geworden ist. Diesen Konflikt der Herkunftskulturen
machen die Familienmitglieder in der Regel unter sich
aus; er wird nicht öffentlich. Als Konflikt zwischen
Kindern und Eltern schlägt er in die gleiche Kerbe wie
der ganz gewöhnliche Generationenkonflikt. In diesem Fall verstärken sich Herkunfts- und Generationenkonflikt gegenseitig, statt sich abzuschwächen. Gefährlich wird der Konflikt der Herkunftskulturen der

deutschen Gesellschaft nicht; er bleibt ja in der Familie.
Allerdings gibt es Leidtragende; es sind besonders die
Töchter, die den Konflikt tragen. Mit Vätern, Brüdern
und Onkeln streiten sie sich über die Rolle der Frau;
dem Generationenkonflikt und Kulturkonflikt wächst
damit, entlang derselben Front, noch ein Konflikt der
Geschlechter zu, und oft ein Konflikt über die Frage
des Hierbleibens oder Zurückwanderns.

Dafür, daß sie zwischen den Kulturen vermitteln,
bezahlen die jungen Einwanderinnen mit Konflikten
innerhalb ihrer Familien. Ihre Brüder dagegen wenden
diese Konflikte in vielen Fällen wieder nach außen und
streiten und schlagen sich mit gleichaltrigen Deutschen, Kroaten oder Italienern.

Kann es einem nicht angst und bange werden angesichts der Vielfalt der Konflikte, ihrer Unübersichtlich-
keit und ihres ungewissen Ausgangs? Die Ängste sind
verständlich, aber unbegründet. Denn nur wenn die
unzähligen Konflikte zwischen Klassenlagen, Religionen, Herkunftskulturen, Geschlechtern und Generationen eine einheitliche Konfliktfront bilden würden
oder wenn ein Konflikttypus die ganze Gesellschaft
beherrschte, drohten Spaltung und Zerfall. Dies ist für
moderne Gesellschaften ganz und gar unwahrscheinlich. Für sie hat die Vermehrung der Konflikte die ge-
genteilige, nämlich verbindende Wirkung. Gesellschaften integrieren sich nicht über Harmoniebekundungen
und hehre Ziele, sondern über Konflikte. Ohne Konflikte keine soziale Integration. Je mehr Konflikte,
desto besser – vorausgesetzt sie durchkreuzen sich gegenseitig; dadurch werden aus Streithähnen in einem
Konflikt Verbündete im anderen.

Allerdings muß man *miteinander* streiten – und nicht *übereinander.* Der Streit verbindet – in gegenseitiger Aufmerksamkeit, Regelbefolgung, Respekt, aber auch Wut und Gewalt immer nur diejenigen, die miteinander streiten. Er verbindet sie nicht mit denjenigen, über die sie streiten. Wenn die deutschen Parteien sich über Einwanderungspolitik und doppelte Staatsangehörigkeit streiten, dann integrieren sie damit nicht die Ausländer – auch wenn sie ihnen noch so wohlwollen –, sondern nur sich selbst. Denn im Streit stellen sie sich aufeinander ein, lernen sich kennen und lernen voneinander, im Trennenden wie im Gemeinsamen, während die Ausländer das ferne Objekt der Streitenden bleiben. Jugendliche, die aufeinander losgehen, tun mehr für soziale Integration als die Redner, die darüber Klage führen. Streit entsteht aus Nähe und Berührung, und im Streit stellt sich immer auch Nähe und Verbindendes ein. So ist es zwischen Eltern und Kindern. Es ist nicht anders zwischen Kulturen. Kulturkonflikte und Generationenkonflikte sind nicht Boten des Unheils. Sich gegenseitig in Schach haltend, halten sie die moderne Gesellschaftswelt zusammen.

Daß die Reibereien und Interessendifferenzen zwischen Alt und Jung sich zu einem »Krieg der Generationen« auswachsen, ist also soziologisch ganz und gar unwahrscheinlich. Zwar können die Älteren in allen Verteilungskonflikten, die über staatliche Entscheidungen laufen, die Macht der großen Zahl in die Waagschale werfen. Aber es wäre selbstmörderisch, dies gegen die Jungen auszureizen, ohne die man im Alter weder Brot noch Pflege hätte. Ohnehin sind Alte und Junge nicht nur rational durch kollektive Interessen,

sondern auch durch individuelle Liebesbeziehungen
verbunden. Diese sind konstitutiv für die Gliederung
des sozialen Lebens in Generationen; denn ohne die
Liebe der Eltern könnte die nächste Generation nicht
heranwachsen. Allein aus der Tatsache, daß die jungen
Generationen in den alten europäischen Gesellschaften
kleiner werden, folgt, daß die Minderheit der Jungen
von der Mehrheit der Älteren mehr Liebe erfährt als
umgekehrt. So gleicht die Macht des Mehr-Geliebt-
Werdens, die den Jungen zugute kommt, die Macht der
Großen Zahl aus, die auf seiten der Alten ist. Und alle
kollektiven Interessenkonflikte, die es zwischen den
Generationen geben mag, werden durch die Bindekraft
der Liebe zwischen Eltern und Kindern, wenn nicht
aufgehoben, so doch abgeschwächt.

Familie

Wie schnell der Wind politischer Diskussionen sich dreht oder abflaut! Es ist erst wenige Jahre her, da hat die CDU/CSU die »Schwulen-Ehe« zu einer der Fronten erklärt, an denen sie gegen die Regierungskoalition in den Kampf ziehen will. Im Vorfeld hatten die Waffenmeister, voran der verstorbene Erzbischof Johannes Dyba, dazu Philosophen, Rechtskundige und Publizisten, schon reichlich mit den Säbeln gerasselt. Man durfte gespannt sein, ob es ihnen gelingen würde, einen ordentlichen Streit vom Zaun zu brechen. Leicht hat es die Opposition in der deutschen Konsensdemokratie damit ja nicht. In der Steuer-, Renten- und Außenpolitik hat sie schon das Handtuch geworfen. Und auch darüber, daß gleichgeschlechtliche Paare rechtlich bessergestellt werden sollen, herrscht über Parteigrenzen hinweg weitgehende Übereinstimmung. Genauso wie die SPD will die CDU/CSU Mietrecht, Zeugnisverweigerungsrecht, Besuchs- und Auskunftsrecht in Krankenhäusern und Strafanstalten ändern. Die Parteien sind sich auch einig darüber, daß homosexuelle Partner sich gegenseitig zur Versorgung verpflichten und beerben können. Unterschiede liegen nur darin, daß die Opposition auf privatrechtliche Lösungen – per notariellem Vertrag, Vollmacht oder Testament – verweist, während die Regierung den Entwurf eines Gesetzes vorlegt. Daß die einen »gegen«, die anderen »für« die Homosexuellen seien, kann daraus nicht ge-

schlossen werden; auch in ganz anderen – etwa ökolo-
gischen – Problemen setzen Liberal-Konservative eher
auf privatrechtliche, Sozialdemokraten und Grüne
eher auf hoheitliche Lösungen.

Und wenn Angela Merkel als Parteivorsitzende der
CDU darauf pocht, daß der privilegierte Charakter
von »Ehe und Familie« durch die Anerkennung von
homosexuellen Lebensgemeinschaften auf keinen Fall
angetastet werden dürfe, beeilt sich die sozialdemokra-
tische Justizministerin Herta Däubler-Gmelin zu erklären, daß sie genau der gleichen Ansicht ist.

Angesichts von soviel Übereinstimmung darf man
fragen, worüber eigentlich gestritten wird – und ob die
Streitpunkte so wichtig sind, wie sie von den Wortführern naturgemäß genommen werden. Sich auf die eine
oder andere Seite zu schlagen, scheint für die meisten
Menschen ebenso schwierig wie belanglos. Und doch
weckt der Disput Unbehagen. Er verweist auf kollektive Ängste, Probleme und Widersprüche der modernen Gesellschaft, die tiefer liegen als der aktuelle Anlaß.

Zunächst scheint der Disput eine typische Auseinandersetzung zwischen Mehrheit und Minderheit zu sein,
wie sie in zeitgenössischen Gesellschaften üblich geworden ist. Nicht anders als Religionsgemeinschaften,
ethnische Gruppierungen, Behinderte, Frauen beklagen Homosexuelle Diskriminierung und verlangen
Gleichstellung, in diesem Falle mit verheirateten Paaren. Vor 30 Jahren wäre eine solche Forderung undenk-
bar gewesen. Sie ist möglich geworden, weil die Bundesrepublik sich in ihrer 50jährigen Geschichte nicht
nur äußerlich, sondern auch in ihrem moralischen Kern
verändert hat. Wie in anderen Industriegesellschaften

auch, haben sich gewisse (beileibe nicht alle) Normen der Sexualmoral gelockert; dem ist der berüchtigte »175er«, als Paragraph und als Schmähwort, zum Opfer gefallen. Ferner haben sich moralische Vorstellungen aller Art über Klassen-, Schicht-, Alters-, regionale und Geschlechtsgrenzen hinweg einander angenähert; diese Angleichung im Innern hängt damit zusammen, daß sich die Gesellschaft nach außen geöffnet hat: Intuitiv, ohne einen Gedanken darauf zu verwenden, spüren die Bundesbürger, daß ihnen die eigenen Minderheiten näherstehen als die fernen Gesellschaften, deren Andersartigkeit und Elend allabendlich auf den Fernsehschirmen aufflimmern. Schließlich hat die merkwürdige Mischung aus gutem Leben und schlechtem Gewissen dazu geführt, daß sich Toleranznormen gefestigt haben: »Nie wieder« sollen Minderheiten in Deutschland bangen müssen oder gar verfolgt werden.

Vor dem Hintergrund dieser gesellschaftlichen Entwicklungen hat sich das Verhältnis von sexuellen Mehrheiten und Minderheiten entspannt. Die Homosexuellen haben das Ihre dazu beigetragen: Auch wenn sie sich heute »outen« (können), bleiben sie in ihren Alltagsbeziehungen weitgehend unauffällig. Gelegentliche Massenauftritte widersprechen dem nicht; im Gegenteil, sie zeigen nur, *wie* angepaßt die Homosexuellen mittlerweile sind: Sie spielen auf der Klaviatur einer Gesellschaft, die ihr individualistisches Selbstverständnis in kollektiv-überschwenglichem Aktionismus regelmäßig zur Schau stellt und Lügen straft: im Fußballstadion wie im Festspielhaus, im Karneval wie auf Kirchentagen, also auch auf der Love Parade und am Christopher Street Day. Was sich selbst als Provokation zelebriert, ist es längst nicht mehr. Es ist Bestandteil der Tröstungsrituale anonymer Gesellschaften geworden: Massenhaft sich manifestierende Minderheiten dürfen sich augenblickslang in der Sicherheit wiegen, selbst Mehrheitsmacht zu sein – oder zumindest vor dieser sicher zu sein.

Auf dieser Grundlage stellen Homosexuelle, wie andere Minderheiten auch, ihre Forderungen. Alexis de Tocquevilles »Gesetz«, mit Blick auf die Französische Revolution formuliert, gilt auch hier und heute: Nicht wenn es ihnen schlechter, sondern wenn es besser geht, verlangen die Menschen Besserstellung.

Dabei wissen Minderheiten besser als Mehrheiten: Ihre Sicherheit ist eine prekäre. Institutionalisierte Toleranz macht zwar die Differenz zwischen Mehrheiten und Minderheiten erträglich. Aber sie schafft sie nicht ab. Toleranz bleibt eine Anstrengung. Es gibt darauf keine Garantie – sonst müßte sie nicht immer wieder eingefordert werden. Sie kann zusammenbrechen.

Angesichts dieses Risikos scheint nichts vernünftiger als die Forderung, die Differenz zwischen Mehrheit und Minderheiten doch einfach zu ignorieren und dadurch aufzuheben. Wenn das nur möglich wäre! Aber Minderheiten bilden sich unweigerlich auch dann, wenn niemand sie machen will – in der eigenen Familie! Dort beginnt das Minderheitenleid der Homosexuellen. Die selbstverständliche Übereinstimmung, daß der junge Mann (sexuell) wie der Vater, die junge Frau wie die Mutter sein werde, gilt plötzlich nicht mehr, wenn die homophile Neigung entdeckt wird. Mag die Familie noch so verständnisvoll damit umgehen: Der Tatbestand hat Folgen für intime und nicht intime Freund-

schaften, für Lebensplanungen, für die Kontinuität der
Familie... Das läßt sich nicht ignorieren, höchstens
verheimlichen. Jedenfalls muß es als Abweichung von
der Regel verarbeitet werden. Damit ist die Unterschei-
dung zwischen Normalität und Abweichung in der
Welt, und sie zeugt sich fort, mögen wir auch noch so
sehr wünschen und fordern, daß »alles« normal sei,
oder darauf hinweisen, daß Normalitätsgrenzen in der
Bisexualität verschwimmen... Aus der Geborgenheit,
die in der Selbstverständlichkeit ruht und ohne Worte
auskommt, fallen die Homosexuellen heraus. Zu dem
Leid, diese Geborgenheit nicht an eigene Kinder weitergeben zu können, kommt das Leid der Kränkungen
und Nichtanerkennung in der weiteren Gesellschaft.

Wenigstens anerkannt zu werden – das scheint, für
die Betroffenen, der tiefere, nicht gesetzliche Sinn einer
gesetzlichen Regelung zu sein, der die gleichgeschlechtliche Partnerschaft der Ehe weitgehend gleich-
stellt. Aber ein solches Gesetz steht immer unter dem
»Paradox der Minderheitenpolitik«: Wie jede politische Sonderregelung zugunsten einer Minderheit fe-
stigt es deren Stellung als Teil des Ganzen, aber eben
auch als Minderheit – und setzt sie damit dem kritischen und abschätzigen Blick der Mehrheit erneut aus.
Anerkennung als Minderheit bleibt immer ein zwei-
schneidiges Schwert.

Trotzdem ist schwer einzusehen, warum gerade diejenigen den Homosexuellen symbolische Anerkennung und damit die gewünschte Erleichterung ihres
Minderheitenloses verwehren, die als Männer der Kirche oder als christliche Sozialpolitiker das Leid in der
Welt lindern wollen. Folgt man ihren Wortführern,

dann geht es ihnen um den besonderen Schutz von Ehe und Familie, so wie es der anderen Seite um Gleichberechtigung geht. Ein Streit der hohen Werte also? Das muß mißtrauisch machen. Zumal es ja eher eine Bestätigung der Ehe als ein Angriff auf sie ist, wenn Homophile wie Eheleute leben wollen. Kann es eine größere Reverenz vor einer Institution geben, als daß auch diejenigen an ihr teilhaben wollen, denen sie bisher verschlossen war?

Zwar ist es denkbar, daß Institutionen daran zugrunde gehen, daß zu viele und zu Unterschiedliche in sie hineinstreben. Gerade diese Gefahr droht aber der Ehe von den wenigen homoerotischen Heiratswilligen nicht – genausowenig wie der Institution der deutschen Staatsbürgerschaft von den Einbürgerungswilligen, deren Zahl viel kleiner ist, als die einen befürchten und die anderen erhoffen.

Wenn die Ehe als »Verantwortungsgemeinschaft« von Konservativen wie von Homosexuellen (und bald nur noch von letzteren, wie böse Zungen behaupten) hochgehalten wird, wenn auch der Wert der Gleichberechtigung von allen Seiten geteilt wird, dann kann es sich bei dieser Diskussion nicht wirklich um einen Konflikt der Werte handeln.

Was liegt näher, als hinter den Beteuerungen allgemeiner Werte je eigene Interessen zu vermuten? Den gleichgeschlechtlichen Paaren wird unterstellt, daß sie staatliche Versorgungs- und Sozialleistungen auf sich umleiten wollen, den Protagonisten von »Ehe und Familie«, daß sie die steuerlichen und sozialrechtlichen Privilegien verteidigen wollen, die nicht nur Eltern mit Kindern, sondern auch kinderlosen Eheleuten heut-

zutage zustehen. In einer Demokratie ist der Kampf der
Interessen legitim. Allerdings verlaufen Interessen-
fronten manchmal ganz anders, als auf den ersten Blick
vermutet. Die Homosexuellen, die sich, mit dem Tre-
molo der Minderheit, als sozial schwach und benach-
teiligt darstellen können, sind dies gerade nicht. Im
Gegenteil: Zusammen mit anderen Singles, unverhei-
rateten Paaren und verheirateten kinderlosen Doppel-
verdienern kassieren sie die steigenden Prämien für
Ungebundenheit, die die moderne Welt zahlt. Als
Avantgarde ökonomischer Flexibilität, künstlerischer
Freiheit, individualistischer Lebensstile, ausgefallener
Konsummuster und aufwendiger Internationalität
genießen sie die Privilegien, von denen kinderreiche
Familien nur träumen können.

Natürlich gibt es, materiell gesehen, auch reiche Kinderreiche und arme Kinderarme. Aber im Verteilungs-
kampf sind die Kinderarmen längst auf dem Weg zur
numerischen und moralischen Mehrheit der Moderni-
sierungsgewinner. Geschlecht spielt dabei in der Tat
keine Rolle. Tüchtige Frauen und Männer gehen diesen
Weg Arm in Arm mit den Meinungsmacher(inne)n und
klagen darüber, daß sie mit ihren Steuern kinderreiche
Familien finanzieren müßten. Das ist das Ziel der Familienpolitik. Tatsächlich aber zeigen differenzierte Berechnungen, daß sogar die neue Steuerreform Familien
mit Kindern pro Kopf weniger entlastet als Singles.[1]
Die Prämierung der Kinderlosigkeit scheint sich, allen
gegenläufigen guten Absichten zum Trotz, mit der
Macht eines Naturgesetzes durchzusetzen.

1 Vgl. »Steuerreform belohnt Kinderlose«, in: *Der Tagesspiegel*, 21. 7. 2000,
  S. 4.

Daß die Homosexuellen hier im Trend liegen, kann man ihnen nicht vorwerfen. Sie sind Teil einer großen Koalition der Modernisierungsprofiteure. Dies erklärt, warum sie in der veröffentlichten Meinung, die sich an der Schönen Neuen Welt berauscht, eher auf Beifall denn auf Widerstand treffen. Es erklärt aber auch, weshalb sich ein unterirdischer Groll ansammelt, den die CDU/CSU als Wasser auf ihre Mühlen lenken könnte. Oder sollte die Interessenanalyse des Konfliktes den Kern des Problems überhaupt verfehlen? Wie, wenn es um etwas ginge, das im öffentlichen Diskurs kaum thematisierbar ist, aber die Menschen doch mehr bewegt als hehre Werte und Geldes Vorteil: dauerhafte Liebe?

Das Streben danach auf die geschlechtliche Natur des Menschen zurückzuführen, wäre zu einfach. Denn der Wunsch nach beständiger harmonischer Partnerschaft formt und steigert sich erst in den Individualitäten der modernen Welt. Gelegenheiten für Beziehungen aller Art vervielfältigen sich. Aber in der Fülle unserer Beziehungen spiegeln wir uns immer nur mit Teilen unserer selbst, als »Rollenträger«, niemals ungeteilt, als In-Dividuum. In der Vielfalt der Bindungen, der wir unsere Individualität verdanken, droht diese sich zu verlieren. Von daher das unstillbare Bestreben, die Mannigfaltigkeit in einer einzigen Bindung zusammenzuführen, in der *alles* sich vereint.

Marktpartner, Kollegen, Vorgesetzte sind dazu ungeeignet, weil mit ihnen sachliche Dinge sachlich verhandelt werden. Arzt, Therapeut oder Pastor können zwar Leibseelisch-Intimes behandeln, aber nicht intim, sondern nur sachlich. Vater oder Mutter mögen für alles sorgen, insbesondere für Geborgenheit, aber vor der

letzten Intimität steht das Inzesttabu. Auch Freundschaft findet ihre Grenze vor der zugleich verletzlich-
sten und verletzenden Innigkeit der Sexualität. Bleibt
allein die erotische Paarbeziehung, in der alles Sinnliche und Sachliche seinen Platz haben kann. So soll es
sein. Dennoch ist auch in dieser Beziehung nicht alles
erlaubt und nicht alles möglich. Die Totalität der sozialen Welt in einer einzigen Beziehung vereinen zu wollen, darin liegt ein unheilbar romantisches Element und
eine Überforderung. Gleichwohl: Die erotische und
dauerhafte Partnerschaft ist die *einzige* Sozialbezie-
hung, an der der Traum von der Ganzheit der sozialen
Welt Halt findet. In ihm erträumt sich das Allgemeinste
als das Individuellste, als die Beziehung von Individuum zu Individuum – als geschlechtliche Beziehung.
Es ist der ständig sich wiederholende, ununterdrück-
bare Gründungstraum des individualistischen Zeital-
ters. Als moderne Menschen wollen die Homosexuellen daran teilhaben. Als erotische Menschen können sie
es. Denn der Traum von der Einheit der Welt kann zwar
nicht ungeschlechtlich, aber sowohl gleich- wie gegen-
geschlechtlich geträumt werden.

Sosehr Individualisierung nach Liebe sucht, sosehr
steht sie ihr im Wege: Je mehr wir unsere Persönlichkeit
als besondere, mit niemand sonst geteilte empfinden,
desto mehr verlangen wir nach Ergänzung durch das,
was wir nicht sein können; je mehr aber auch die möglichen Partner(innen) einzigartig sein sollen und wollen, desto unmöglicher wird es, aus beiden Individuen
ein einzigartig übereinstimmendes Ganzes zu machen.
Georg Simmel sah deshalb in der erotischen Liebe »die
reinste Tragik: sie entzündet sich nur an der Individua-

lität und zerbricht an der Unüberwindlichkeit der Individualität«. Nur in der Phase der Verliebtheit, in der man – »Liebe macht blind« – die un(v)erträgliche Individualität des anderen noch nicht ganz kennt und die Wissenslücke mit Wunschbildern füllt, läßt sich die Tragik überspielen: durch Illusion.

Bis ins 18. Jahrhundert war die Heirat aus Liebe ein Skandal. Heute ist sie ein Gebot. Welch eine Torheit der Moderne, dauerhafte Bindung auf das stürmischste und windigste Gefühl gründen zu wollen! Aber niemand kann das ändern: Dahinter steht das individualistische Verlangen nach Ganzheit. Da wir die Ehe heute auf erotischer Liebe bauen, die Liebe aber eine tragische Bindung ist, ist die Tragik in Ehe und Familie eingebaut. Je mehr wir nach lebenslanger – also immer längerer – Liebe und Leidenschaft verlangen, je mehr wir unsere Ansprüche an Harmonie steigern, desto sicherer sind Scheitern und Scheidung vorprogrammiert. Besonders trifft es die individuell verfeinerten Menschen. Was den hochzivilisierten Gesellschaften an militärischen und Bürgerkriegen – vielleicht – erspart bleibt, zahlen sich ihre Bürger als Männer und Frauen in Ehekriegen heim. In kleiner Münze, könnte man sagen – aber nicht weniger vernichtend. Ein großer Teil aller Gewalt entsteht aus Liebe und Enttäuschung. Wie Völker, die nicht mehr zusammenleben wollen, ihre Beziehung blutig lösen, so lösen sich auch Eheleute oft mit größten gegenseitigen Verletzungen voneinander. Im Krieg der Völker ist die vollständige Vernichtung des Schwächeren, der Völkermord, gottlob, selten. Auch knüpfen sich die zerrissenen kollektiven Beziehungen, wie zwischen Deutschland und seinen Kriegsgegnern, nach einer Weile neu, sogar dichter. Nicht so im Partnerschaftskrieg der modernen Individuen. Für die meisten ist das Kriegsziel die endgültige Zerstörung oft langjähriger Bindungen. Und häufiger als in den kollektiven Kämpfen münden die individuellen in der vollständigen Vernichtung der anderen Seite. Zahlreiche intime Beziehungen enden jährlich in der Bundesrepublik mit Mord und Totschlag.

Gleichwohl: Gewalt spielt nur im kleinsten Teil aller Scheidungen mit. Und geschieden wird nur der kleinere Teil der Ehen. Hinter den steigenden Scheidungsziffern steht nicht Egoismus, sondern ein Bündel von soziologischen Tatbeständen im Wandel: die steigenden Erwartungen an die Liebe; die institutionalisierte Erleichterung der Scheidung (auch hier gilt ganz banal, daß Gelegenheit Diebe macht); die Tatsache, daß die Ehe unter Gleichen ihren eigenen tragischen Konflikten ohne innere oder äußere Entscheidungsinstanz ausgeliefert ist (nichts ist an die Stelle des diskreditierten Patriarchats getreten); andererseits die Tatsache, daß die Verheißungen der Gleichheit in der Ehe nicht eingelöst werden (deshalb betreiben die *Frauen* die Scheidung, obwohl sie daraus in der Regel als die besonders materiell Geschädigten, ja Verarmten hervorgehen); schließlich die Chance, eine nächste, bessere Partnerschaft einzugehen (deshalb steigt das Scheidungsbegehren mit der individuellen Vitalität, Lebenserwartung und Paarungshoffnung der Beteiligten).

Nicht zu vergessen: Das Scheidungsgeschehen verstärkt sich selbst; Kinder aus geschiedenen Ehen lernen, ihre eigenen Paarkonflikte eher durch Flüchten als durch Standhalten zu lösen.

Angesichts der sich verstärkenden tragischen Grundstruktur der Liebesehe sind nicht sosehr Gewalt, Scheidungen und Trennungen erklärungsbedürftig. Das eigentliche »Wunder der Ehe« liegt vielmehr darin, daß sie die Tragik aushält: Die meisten Ehen überleben und dauern heute viel länger als früher; in keiner anderen Lebenssphäre fühlen sich moderne Menschen, wie die Umfragen zeigen, so zufrieden und glücklich wie in Ehe und Familie; die Ideale harmonischer Partnerschaft, mit oder ohne Trauschein, werden von Alt und Jung geteilt; ja sogar die alte Tugend der Treue, die vor 30 Jahren im Orkus der »offenen Ehe« zu versinken schien, ist mit der nachfolgenden Generation wieder aufgetaucht. Kein Wunder, daß auch die Homosexuellen ihre Ehe haben wollen.

Daß die Ehe, ihrer eingebauten Tragik zum Trotz, so robust ist, liegt vielleicht daran, daß sie doch nach wie vor mehr durch Zwänge, Notwendigkeiten und Bequemlichkeiten – gemeinsame Kinder, Güter, Gelder, Freunde, Sicherheiten, Sorgen, Vorsorgen und Erinnerungen – zusammengehalten wird als durch Liebe. Der Romantik des Anfangs wird durch die Realität der Gewohnheit der Garaus gemacht – und gerade dadurch haltbarer Grund gegeben. Die meisten Menschen sind auf die Dauer doch mehr Realisten als Romantiker, verarbeiten die Tragik der Liebe zu der Lebensweisheit, daß es nichts Vollkommenes gibt – und geben das Ganze an die nächste Generation der Brautleute weiter.

Daran, daß auch Homosexuelle mit Brautstrauß erscheinen, wird man sich gewöhnen. Beunruhigend ist nicht so sehr, daß etwas Neues auftaucht, sondern daß das Gewohnte, die Liebesehe, in rätselhaftem Zwielicht als verletzbar und zugleich beständig aufscheint: fragil als individuelle Bindung, stabil, ja attraktiv als Institution. Es gehört zu den Ironien des Vorgangs, daß die Homosexuellen sich von der gesetzlich sanktionierten Verantwortungsgemeinschaft, also dem Schritt in Richtung Ehe, eine Stabilisierung ihrer Bindungen versprechen, während auf der anderen Seite, zumindest untergründig, die Angst umgeht, daß die Unverbindlichkeit weiter in die Ehe vordringe. Der Hinweis, daß »normale« Ehe und wechselnde Partnerschaften der Schwulen sich einander annäherten, ist nicht gerade geeignet, die Angst zu verringern.

Dahinter meldet sich eine noch größere Angst: daß Ehen Ehen bleiben – und nicht zu Familien anwachsen. Diese Angst ist es, die vom Bild der gleichgeschlechtlichen Ehe geschürt wird. Sie steht für Kinderlosigkeit – und dieses Argument wird in erster Linie gegen sie ins Feld geführt. Automatisch folgt die Erwiderung, auch die herkömmliche Ehe bleibe immer häufiger ohne Kinder. Der Schlagabtausch, in dem es vordergründig um Nützlichkeit von Fortpflanzung geht, schürt untergründig Verlustängste, die nicht thematisiert und meist verdrängt werden.

Denn mit den Kindern, die von Generation zu Generation weniger geboren werden, geht weit mehr verloren als der Nutzen, den wir aus ihnen als spätere Arbeitskräfte, Steuerzahler, Sozialversicherungsleistungsträger und Betreuer alter Eltern ziehen: Es entweicht, aus den modernen Gesellschaften, auch die Jugend, und damit die erotische Kraft, ohne die es weder homosexuelle noch heterosexuelle Paare gibt. Tatsächlich, von Generation zu Generation wird die Liebe in

der Gesellschaft weniger. Nicht etwa, weil sie in den
einzelnen Paaren und Familien schwächer würde – im
Gegenteil, deren »emotionales Binnenklima« erwärmt
sich weiter –, sondern weil die Zahl der Liebespaare ab-
nimmt und die Familien kleiner werden.

Die Liebe im Paar kann nicht im Paar selbst entstehen, sondern nur in einem Paar, das ihm vorangeht.
Und sie kann nur weitergegeben werden als Liebe zwischen Eltern und Kindern. Elternliebe und Paarliebe,
die wieder zur Elternliebe wird, hängen untrennbar zusammen. Obwohl Sigmund Freud uns dafür die Augen
geöffnet hat, erkennen wir die erotischen Elemente dieser Liebe bis heute nicht an. Selbst wenn wir annehmen,
es gäbe sie nicht: Wo sonst sollten wir die Zärtlichkeit,
Hingabe, Leidenschaft, latente Gewalt und Zurück-
nahme, kurz: alles, was in die sexuelle Liebe eingeht,
lernen, wenn nicht, in sublimierter Form, von den Eltern? Beileibe lernen wir nicht in der direkten Weitergabe allein, sondern auch, mittelbar, durch die gegenseitige Liebe der Eltern und anderer, die uns naheste-
hen. So erleben wir in dem, was wir als unsere eigene,
individuelle Paarliebe verstehen, die Vor-Lieben und
Vor-Leiden von Generationen – und tragen sie weiter.

Wenn wir sie weitertragen. Es gehört zur Tragik der
modernen Gesellschaften mit all ihrem Wohlstand,
Wissen und Weiterdrängen, daß der Fluß der Generationen immer schmaler wird. Die Menschen, die doch
alle Vater und Mutter haben, werden immer weniger
selbst Vater und Mutter. Damit werden sie schuldig vor
einem Gesetz, das sie, wie Kafkas Helden, unwissend
und unschuldig suchend in sich tragen: dem Gesetz der
Gegenseitigkeit als dem tiefsten moralischen Regulativ

des sozialen Lebens. Alle Gerechtigkeit entspringt diesem Gesetz. »Wie du mir, so ich dir.« Im Verbund der Generationen reicht es nicht aus, daß wir an die *zurück*geben, von denen wir empfangen haben; wir müssen *weiter*geben. Die Ökologen haben ja recht: »Wir müssen die Erde an unsere Kinder weitergeben.« Nur die Erde? Dies wäre ohne Sinn, würden wir ihnen nicht das eigene Leben weitergeben: »Wie ihr Eltern uns Kindern das Leben gegeben habt, so müssen wir es als Eltern an unsere Kinder weitergeben.« Ohne diese moralische Verpflichtung, die jedem Vertrag vorgeht, gäbe es keinen Generationenvertrag.

Die Gesellschaft bindet auch diejenigen ein, die, als einzelne, die existentielle Grundnorm sozialen Lebens nicht erfüllen. Sie nicht erfüllen zu können, empfinden viele allerdings als großen Schmerz. Was geben, was gäben sie darum, Kinder zu haben! Die Zahl und Stärke der Adoptionsbegehren zeugt davon. Die Reproduktionsmedizin ist die nächste Hoffnung. Ob sie der auch biologisch nachweisbaren steigenden Unfruchtbarkeit in den meisten postindustriellen Gesellschaften Paroli bieten kann?

Diese Dinge werden in der persönlichen Lebensgestaltung oft verdrängt oder umgebogen – »Kinder? Nein danke!« – und in Diskussionen kaum angerührt, allenfalls ins Lächerliche gezogen. Das Beschweigen kann Schmerzvermeidung sein: Schonung besonders derjenigen, die keine Kinder bekommen. Wieviel hetero- und homosexuelle Paare in diesem Leid verbunden sind, wissen wir nicht. Sie sind Abweichler wider Willen. Sie sind ohne Schuld – aber in den Untergründen, in denen unser Willen und unser Bewußtsein ihre

Macht verloren haben, geben wir ihnen vielleicht doch Schuld: Die Schuld, willentlich oder nicht, das Gegenseitigkeitsgesetz zwischen den Generationen zu verletzen – obwohl wir wissen, daß gerade Menschen ohne Kinder sich selbstlos engagieren. Das gilt für Priester wie für Homosexuelle.

Kann das Problem dadurch entschärft werden, daß die Mehrheit sich der Minderheit angleicht? Wenn die meisten nur noch ein oder gar kein Kind haben, dann hört Kinderlosigkeit auf, Makel einer Minderheit zu sein. »Kein Thema!« – besonders für junge Leute, die sich in einer Welt gleichwertiger und selbstgewählter Lebensformen wähnen. Aber sind diese wirklich gleich wertig und selbst gewählt? Läßt sich das moralische Gesetz der Reziprozität einfach durch individuelle Entscheidung außer Kraft setzen? So will es eine quasi offizielle Ethik der Modernität. Sie verdrängt mehr, als sie weiß. Als Erfüllungsgehilfe ökonomischer Dynamik zwingt sie die Menschen dazu, allseits flexibel und verfügbar zu sein. Zwänge werden umdefiniert in Werte wie Freiheit, Leistung, Gleichberechtigung und Toleranz. Deren Steigerung und die Steigerung der Produktivität sind zwei Seiten derselben Medaille.

Was bei der Medaillenjagd auf der Strecke bleibt, ist: Reproduktivität. Vor die Wahl gestellt, zwischen den Verheißungen von Bildung, Beruf und Weltläufigkeit einerseits und Familiengründung andererseits, entscheiden sich junge Menschen zunächst für das erstere. Ist dies, wie sie meinen, eine freie individuelle Entscheidung? Sie schwimmen damit im breiten Strom kollektiver Normzwänge. Könnten sie anders? Zwar hält sich der Mehrheitswunsch, zwei Kinder in der Geborgen-

heit einer Familie zu haben, ebenfalls mit der Hartnäk-
kigkeit einer Norm, aber Bildungs- und Berufskarriere
drängen sich vor – mit dem statistischen Ergebnis, daß
nur 1,3 Kinder pro Paar geboren werden. Die Gebur-
tenlücke wird von denselben Wirtschaftsführern und
Politikern beklagt, die sich nicht genugtun können, zu
immer höheren Berufsleistungen anzuspornen.

Es ist diese Widersprüchlichkeit zwischen den produktiven und reproduktiven Kräften der modernen
Gesellschaft, die die Familie auszehrt, und nicht das
Gleichstellungsbegehren der Homosexuellen. Ihnen
gegenüber wird die Familie nun an einer Front verteidigt, von der ihr gar keine Gefahr droht. Wenn es eine
Gefahr für die Familie gibt, dann liegt sie nicht bei einzelnen oder Gruppen, die von der Norm abweichen,
sondern in der Normalität selbst: Zwischen den Mahl-
steinen der Modernen mit ihren Werten wie Leistung
und Gleichberechtigung wird die Familie kleingerie-
ben.

Kann uns, als Individuen, dies nicht gleichgültig sein
– zumal gerade die kleine Familie eine besondere
Wärme spendet? Auch als Individuen sind und bleiben
wir in besonderer Weise die Geschöpfe der engen und
der weiteren sozialen Kreise, denen wir unsere Individualität verdanken; auch in individueller Selbstbezogenheit bleibt unsere Existenz eine durch und durch
soziale; auch im individuellen Altern bleiben wir angewiesen auf die Kontinuität des kollektiven Lebens. Die
Ängste, daß dieses in der Kinderlosigkeit versiege, sind
rationale Ängste. Zwar können wir die Homosexuellen
rational dafür nicht verantwortlich machen. Aber ihre
Kinderlosigkeit, die in der aktuellen Diskussion als

Hauptargument der Zurückweisung dient, wird zum Symbol eines Versagens, ja einer Schuld, die die moderne Gesellschaft im Innersten als eine eigene fühlt, sich jedoch nicht eingestehen kann. Indem sie sie auf eine Minderheit projiziert, macht sich die Mehrheit davon frei.

Mit diesem Mechanismus schützen sich Gesellschaften in der Krise seit jeher vor schmerzlicher Einsicht: Sie schaffen sich einen Sündenbock, der, beladen mit der Schuld des Ganzen, in die Wüste gejagt wird. Daß die Diskussion um die Homosexuellen-Ehe so weit führt, ist allerdings nicht zu befürchten.

Der Streit könnte vielmehr, indem er die hohlen Phrasen zu »Ehe und Familie« mit realen Einsichten durchsticht, neues Feuer unter einer Familienpolitik entfachen, die sich im Konventionellen und Halbherzigen eingerichtet hat.

Er könnte schließlich auch dazu führen, daß sich der Blick über die eigene Gesellschaft hinaus weitet. Dabei können sich Probleme entdramatisieren: Warum nicht aus der Not eine Tugend machen und die in der eigenen Gesellschaft durch den Geburtenrückgang verdorrende Gegenseitigkeit (Reziprozität) der Generationen ersetzen durch zunehmende Gegenseitigkeit mit solchen Gesellschaften, die einen Geburtenüberschuß haben? Export von Gütern und Import von Jugend – auch so hat man sich die weitere Vergesellschaftung der Welt vorzustellen. Allerdings: Ob es wirklich leichter ist, Kinder anderer Kulturen einzugliedern als eigene aufzuziehen? »Integration« im einen Falle, Liebe im anderen – es macht schon einen Unterschied, *wie* sich das soziale Leben fortsetzt.

Mit Minderheiten, seien sie sexuell oder ethnokulturell definiert, können Gesellschaften leben. Sie brauchen sie sogar, als Gegenbilder zu einer eigenen Lebensweise, die als normal empfunden wird. Was aber, wenn
die Mehrheit, die eine Lebensweise teilt, selbst zur Minderheit wird? Dies scheint das unausweichliche Schicksal der westlichen Industriegesellschaften zu sein. Ihr
Anteil an der wachsenden Weltbevölkerung schrumpft.
Ob uns das gleichgültig lassen kann? Fragen wir unsere
Kinder: Sie nehmen das europäische Erbe von Reformation und Restauration, wissenschaftlichen und industriellen Revolutionen, von Aufklärung, Dialektik
der Aufklärung und Liberalität wenn nicht mit der
Muttermilch, so doch in der Fraglosigkeit des Alltags
auf. Als Träger dieser Alltagskultur und als Weltbürger
– auch dies ein westlicher Wert! – stehen sie aber, global
gesehen, einer immer größeren Mehrheit von Weltmitbürgern aus Äthiopien, Brasilien, Indonesien etc. gegenüber, denen die Errungenschaften des Westens und
seine Art zu denken nicht in die Wiege gelegt wurden.
Ein »Krieg der Kulturen« braucht daraus nicht zu entstehen, ein Konflikt aber ist unvermeidlich. Mögen wir
auch alle Kulturen für gleichwertig erklären, faktisch
zieht jede Kultur ihre Eigenheit vor. Es ist uns nicht
gleichgültig, ob wir in einer fundamentalistischen oder
in einer freiheitlichen – der eigenen – Kultur leben. Ob
unsere Kinder diese Eigenheit nun verteidigen müssen
oder der Weltmehrheit lehrend und helfend vermitteln
wollen – als eine Weltminderheit, die immer kleiner
wird, sind sie um ihre Aufgabe nicht zu beneiden. Sie
wird auch nicht dadurch leichter, daß wir noch weniger
Kinder bekommen.

Fremdenliebe

Auf die Gründung der Bundeswehr reagierten die Deutschen, zehn Jahre nach dem Krieg, mit größten Bedenken. Der damalige Bundespräsident Gustav Heinemann machte da keine Ausnahme. Er liebe die Bundeswehr wohl nicht, wurde er von einem Journalisten gefragt. Heinemann: »Ich liebe meine Frau.«

Das Lachen, das sich bei dieser Anekdote einstellt, kann man zu Recht ein »befreiendes« nennen. Mit vier Worten befreit der Bundespräsident sich und uns von einer doppelten Zumutung: daß wir große Institutionen bzw. anonyme Kollektive, deren Mitglieder in ihrer Gesamtheit uns unweigerlich fremd sein müssen, lieben könnten oder gar müßten. Und, noch viel grundsätzlicher, daß wir überhaupt lieben *müssen*.

Das Allgemeinste, was man über die Liebe sagen kann, ist, daß sie ein Gefühl ist. Gefühle sind spontan. Sie lassen sich nicht befehlen noch verbieten. Sie gehorchen weder politischen noch moralischen Anweisungen. Wir können sie zwar zwingen, sich gemäß Recht, Sitte, Normalitätsstandards zu verhalten. Aber dieses Verhalten ist nur ein Ver-Halten, ein An-sich-Halten. Was Gefühle, unterhalb der Oberfläche erwünschter Verhaltensweisen, also der Fremd- und der Selbstkontrolle sonst noch treiben, entzieht sich jeder Kontrolle. Die Gedanken sind frei. Die Gefühle, wenn es denn geht, noch freier. Sie sind der letzte und unzerstörbare Hort der Anarchie in einer noch sosehr verwalteten Welt.

Das macht sie, von der Antike bis heute, zu einem bleibenden Ärgernis. Unablässig wird ihr Wohlverhalten eingefordert. »Es gibt in der jüdischen Sprache einen Ausdruck, der die ›Liebe zu den Juden‹ anmahnt. Davon ist bei Ihnen, liebe Hannah, nichts zu merken«, schrieb der Religionswissenschaftler Gershom Scholem an die jüngere Hannah Arendt. »Sie haben vollkommen recht, daß ich eine solche Liebe nicht habe«, antwortete die Philosophin. »Erstens habe ich nie in meinem Leben irgendein Volk oder Kollektiv ›geliebt‹, weder das deutsche, noch das französische oder amerikanische... Ich liebe nur meine Freunde. Zweitens aber wäre mir diese Liebe zu den Juden, da ich ja selbst Jüdin bin, suspekt.«

Hannah Arendt und Gustav Heinemann schlagen in dieselbe Kerbe: Liebe zu einem Kollektiv? Nein danke! Aber Hannah Arendt wird deutlicher und fügt einen Gedanken hinzu: Gäbe es eine Kollektivliebe, dann wäre sie, in bezug auf das *eigene* Kollektiv, verdächtig, will sagen gefährlich. Die Liebe zum eigenen Großkollektiv, von Nationalisten aller Länder und Zeiten und insbesondere von Nationalsozialisten auf ihre Fahnen geschrieben, hat verheerende Folgen gezeitigt – nicht nur für die Verfolgten und Ausgeschlossenen.

Wie ist das zu erklären? Entweder es gibt Liebe zum Kollektiv nicht wirklich, dann ist das, was dafür gehalten wird, eine gewaltige Selbsttäuschung oder Irreführung durch Macht oder Interessen. Oder es gibt Liebe auch als Hingabe an das Kollektiv und spontane Verbundenheit mit vielen. So oder so: Die von vielen geteilten Gefühle gegenseitiger Bevorzugung stellen unweigerlich eine Macht – und eine Gefahr für andere –

dar. Die Bevorzugung des eigenen Kollektivs noch zu-
sätzlich einzufordern und damit moralisch zu über-
höhen, würde die Gefahr noch steigern. Ist es das, was
Arendt verdächtig ist?

Daß sie es als suspekt von sich weist, zeigt, daß es als
Macht und Gefahr existiert. Gäbe es die Bevorzugung
des Eigenen nicht, dann gäbe es nicht die Ablehnung
des Fremden. Gäbe es die Ablehnung des Fremden
nicht, dann erübrigte sich die Forderung, den Fremden
zu lieben oder ihn zumindest zu akzeptieren. Die Forderung, den Fremden anzunehmen, ist doch immer
eine Reaktion auf eine offene oder verborgene Aver-
sion gegen den Fremden.

Fremdenliebe und Nächstenliebe ist ein und dasselbe. Sie bezieht sich nicht auf alle Menschen gleichzeitig, sondern auf diejenigen, die mir als Fremde nahe
sind oder nahe kommen. Der Fremde, nach einer be-
rühmten Definition von Georg Simmel, ist derjenige,
der heute kommt und morgen bleibt (im Gegensatz
zum Gast, der heute kommt und morgen geht). Fremdenliebe läßt sich also nicht deshalb für unmöglich erklären, weil es zu viele Fremde – an die sechs Milliarden
Erdenbewohner – gäbe. Die Forderung, den Fremden
zu lieben, beschränkt sich ja auf die wenigen Fremden,
die uns jeweils die Nächsten sind.

Auch mit dieser »Idealforderung der Kulturgesell-
schaft«, wie Sigmund Freud sie nennt, gibt es Probleme
genug. Folgen wir Freud: »Du sollst den Nächsten lieben wie dich selbst; (die Forderung) ist weltberühmt,
gewiß älter als das Christentum, das sie als seinen stol-
zesten Anspruch vorweist, aber sicherlich nicht sehr
alt; in historischen Zeiten war sie den Menschen noch

fremd. Wir wollen uns naiv zu ihr einstellen, als hörten
wir von ihr zum ersten Male. Dann können wir ein Gefühl von Überraschung und Befremden nicht unter-
drücken. Warum sollen wir das? Was soll es uns helfen?«

Unterbrechen wir hier – mit dem Versuch einer
schlichten Antwort: Es soll uns helfen, in Frieden zu
leben. Nichts scheint uns selbstverständlicher, nach allem, was geschehen ist, seit Freud die Frage vor 75 Jahren stellte. Aber der Begründer der Psychoanalyse läßt
nicht locker: »Vor allem aber, wie bringen wir das zustande? Wie wird es uns möglich? Meine Liebe ist etwas mir Wertvolles, das ich nicht ohne Rechenschaft
verwerfen darf. Sie legt mir Pflichten auf, die ich mit
Opfern zu erfüllen bereit sein muß. Wenn ich einen anderen liebe, muß er es auf irgendeine Art verdienen.
(Ich sehe von dem Nutzen, den er mir bringen kann,
sowie von seiner möglichen Bedeutung als Sexual-
objekt für mich ab; diese beiden Arten der Beziehung
kommen für die Vorschriften der Nächstenliebe nicht
in Betracht.) Er verdient es, wenn er mir in wichtigen
Stücken so ähnlich ist, daß ich in ihm mich selbst lieben kann; er verdient es, wenn er so viel vollkommener
ist als ich, daß ich mein Ideal von meiner eigenen Person in ihm lieben kann; ich muß ihn lieben, wenn er
der Sohn meines Freundes ist, denn der Schmerz des
Freundes, wenn ihm ein Leid zustößt, wäre auch mein
Schmerz, ich müßte ihn teilen. Aber wenn er mir
fremd ist und mich durch keinen eigenen Wert, keine
bereits erworbene Bedeutung für mein Gefühlsleben
anziehen kann, wird es mir schwer, ihn zu lieben. Ich
tue sogar unrecht damit, denn meine Liebe wird von all

den Meinen als Bevorzugung geschätzt; es ist ein Unrecht an ihnen, wenn ich den Fremden ihnen gleichstelle.«[1]

Es berührt merkwürdig, wieviel rationale Argumente der große Erkunder der menschlichen Seele bemüht, um zu einem Ergebnis zu gelangen, das ohne jedes Argument, also spontan einsehbar ist: Liebe ist eine bevorzugte Beziehung, die jeder Mensch von Geburt an erfährt, weil anders er nicht als Mensch heranwächst. Ohne die konzentrierte und andauernde Zuwendung der Mutter – oder, wie man heute sagt, einer »Bezugsperson« – wäre niemand, der dies liest, am Leben. Nur in der Regelmäßigkeit und Vertrautheit einer gegenseitigen Bindung zwischen Eltern und Kind entsteht das, was wir Liebe nennen. Da auch der »liebesfähigste« Mensch nur zu wenigen anderen solche dauerhaft-vertrauten Wechselbeziehungen haben kann – der persönlichen Kommunikation sind enge sinnliche und zeitlich-räumliche Grenzen gesetzt –, schließt Liebe immer mehr aus, als sie einschließt. Exklusivität und Diskriminierung sind konstitutiv für die Liebe zwischen Eltern und Kindern, Kindern und Eltern. Und diese wiederum ist konstitutiv für jede andere Liebe: für die Liebe zu Geschwistern und Freunden, für die Gattenliebe (jenseits reiner Sexualität), für die Liebe zum eigenen Volk und für Fremdenliebe als Nächstenliebe: Wie sollten wir Fremde lieben können, hätten wir nicht das Grundmuster der Liebe einmal gelernt – in der höchst exklusiven, nicht selbstgewählten

---

1 Sigmund Freud: *Das Unbehagen in der Kultur, Gesammelte Werke XIV*, Frankfurt/M. 1986, S. 468.

Herkunftsbindung an die Menschen, denen wir unser frühes Überleben verdanken?

Fremdenliebe setzt also die Liebe zum Vertrauten, Familiären, »zu den Meinen« voraus. Sie ist davon abhängig. Wer im kleineren, vertrauten Kreis viel Liebe empfangen und gegeben hat, kann in größeren und neuen Beziehungen viel Liebe geben und empfangen. Andererseits stehen Fremdenliebe und Liebe zum Vertrauten aber auch in Konkurrenz zueinander. Solange unsere Fähigkeit, Liebe (oder Haß) zu empfinden und tätig mitzuteilen, begrenzt ist – also immer –, können wir nicht alle Vertrauten und alle Fremden gleichzeitig und gleichermaßen lieben. Wir müssen auswählen: vorziehen und zurücksetzen.

Dabei bekommt in der Regel das Vertraute den Vorzug vor dem Fremden. Die Regel der »Präferenz des Familiären vor dem Fremden« gilt in den ältesten wie in den neuesten Lebensformen. Selbst der moderne Staat mit seinem Grundsatz der Gleichheit vor dem Gesetz beugt sich dem älteren soziologischen Gesetz der Präferenz für das Familiäre: Vor Gericht kann ich die Aussage verweigern, nicht nur wenn ich mich selbst, sondern auch wenn ich Verwandte belasten würde.

Warum hat die »Präferenzregel« eine solche Macht? Einmal, so ist zu vermuten, weil sie Voraussetzung nicht nur des individuellen Überlebens, sondern auch der Weitergabe des Lebens über die Generationen hinweg ist. Zum anderen, weil sie von einer zweiten Grundregel des sozialen Lebens gestützt wird: vom »Reziprozitätsprinzip«. Diese elementare Regel der Gegenseitigkeit oder Gerechtigkeit – »Wie du mir, so ich dir« – wirkt in allen sozialen Beziehungen, unab-

hängig davon, ob Waren, Wertschätzung oder Liebe
ausgetauscht werden.

Je länger die Austauschprozesse ablaufen, desto verläßlicher ist die jeweilige Beziehung; desto eher wird sie
den Beziehungen vorgezogen, die einen solchen Ver-
trauensvorschuß noch nicht aufbauen konnten.

Daß der Fremde gegenüber dem Vertrauten diskri-
miniert wird, erklärt sich also auch rational, aus einer
Situation der Ungewißheit: Dem Vertrauten kann man
eher trauen. Damit nicht genug: Der Fremde kann,
willentlich oder nicht, bestehende Bindungen stören.
Auch wenn er sich in bester Absicht nähert, stellt er angesichts der Ungewißheit der zukünftigen Entwicklung ein gesteigertes Risiko für die Zukunft dar. Ihn
deshalb mit Vorsicht zu betrachten oder vorsichtshal-
ber zurückzuweisen, ist deshalb keine unvernünftige
Strategie. Von daher bis zu wütender Feindseligkeit ist
es oft nur ein kleiner Schritt, insbesondere wenn zusätzliche Ängste oder Bedrohungen auftreten.

Aber auch ohne solche besonderen Belastungen ist
die Spannung zwischen dem Fremden und dem Vertrauten ein Grundtatbestand sozialen Lebens. Sie kann
sich verschärfen, wenn das Fremde plötzlich in un-
gewohnter Weise vermehrt in Erscheinung tritt, wie in
der Bundesrepublik zu Beginn der neunziger Jahre, als
sich die Grenzen nach Osten öffneten und Deutsche
aus der DDR zugleich mit Aussiedlern aus der Sowjet-
union und Polen, politischen Flüchtlingen und Asyl-
suchenden in großer Zahl zuwanderten. Die Spannung
kann auch dort, wo sie in integrativen und assimilativen
Prozessen fast ganz aufgegangen schien, wie zwischen
Christen und Juden im Vor-Hitler-Deutschland, poli-

tisch-ideologisch wieder angefacht und bis zum Völkermord gesteigert werden. Vielleicht war es auch vor 2000 Jahren eine besonders gespannte Situation im palästinensischen Teil des Römischen Reiches, die den Propheten Jesus mit den großartigen und unerhörten Geboten auf den Plan rief: »Liebet eure Feinde! Tut Gutes denen, die euch hassen! Liebe deinen Nächsten wie dich selbst!«

Dies war ein revolutionärer Affront gegen die bislang herrschende Moral, in der der Dualismus zwischen guter Eigen-Gruppe und böser Fremd-Gruppe dominierte. Jesus hielt diesem Dualismus von Präferenz und Diskriminierung das Gebot der nicht diskriminierenden Nächstenliebe entgegen – und setzte damit einen neuen Dualismus – zwischen universal geltender Präferenzmoral und christlich gebotener Universalmoral – in die Welt. Die christliche Nächstenliebe, zur Überwindung des Präferenz/Diskriminierungsprinzips gedacht, kann doch von den moralischen Spannungen des sozialen Lebens nicht erlösen.

Sowenig die Nächstenliebe das Präferenz/Diskriminierungsprinzip schleifen kann, sowenig macht dieses die Nächstenliebe zunichte. Es *gibt* Nächstenliebe als Liebe zum Fremden. Die Neugier, Offenheit und Sympathie, mit denen sich besonders Jugendliche über kulturelle Grenzen hinweg begegnen, ist ein empirisches Faktum – und eine Überlebenshilfe, ja -notwendigkeit in der modernen Welt. Das Glücksgefühl, Menschen anderer Religion oder Rasse spontan zugetan und manchmal in dauerhafter Freundschaft und Liebe verbunden zu sein, ist genausowenig illusionär wie ein Gefühl der Verbundenheit mit Menschen gleicher Sprache

und Herkunft, das oft als national diskreditiert wird.
Gefühle sind soziale Tatbestände – ob sie uns gefallen
und ins ideologische Konzept passen oder nicht. Die
Liebe zu Fremden wird auch dadurch nicht weniger
wirklich, daß sie sich manchmal im Bewußtsein ihrer
selbst und ihrer eigenen Gutheit erhöht: Wie gut, daß
ich keine Vorurteile gegen Afrikaner, Türken, Vietna-
mesen etc. in mir verspüre, sondern wirklich gern mit
ihnen zusammen bin...

Allerdings, auch die Nächstenliebe zum Fremden ist
nicht rein universalistisch und farbenblind. Die Fremden, die uns nahe kommen, sind nicht alle gleich. Da
nimmt sich Liebe als Gefühl immer auch die Freiheit,
ästhetische oder moralische Vorlieben auszubilden: *für*
bestimmte Gruppen oder Kategorien von Fremden –
und das impliziert notwendigerweise, daß andere zu-
rückgesetzt werden.

Auch auf seiten derjenigen, die sich das Gebot der
Nächstenliebe zu eigen machen sollen, gibt es keine
Einheitlichkeit, sondern immer nur eine durchschnitt-
liche Befolgung der Liebesnorm. Davon abweichend
gibt es einerseits diejenigen, die dem fremden Nächsten
nur wenig zugetan sind, andererseits diejenigen, die die
Fremdenliebe in ungewöhnlichem Maße zu ihrer eigenen Sache machen – und sich damit der eigenen Gruppe
eher entfremden.

Der wichtigste Punkt aber erscheint mir der zu sein:
Solange Fremden- bzw. Nächstenliebe Liebe ist, ist sie,
genauso wie die Liebe der Partner oder Ehegatten, den
Unwägbarkeiten und der Anarchie der Gefühle ausgeliefert. Am meisten beunruhigt daran, daß Liebe in Haß
umschlagen kann.

Will man die vielfältigen Gründe dafür auf einen Nenner bringen, dann bietet sich die abstrakte Formel von den »enttäuschten Erwartungen« an. Je näher man sich in einer Liebesbeziehung kommt und je vertrauter man wird, desto größer ist fatalerweise auch die Chance, daß sich die Punkte der Nichtübereinstimmung offenbaren, die in der Phase der Verliebtheit verborgen bleiben konnten. Miteinander vertraut werden birgt immer das Risiko der Entfremdung.

In der Beziehung zum Fremden, die zur Nächstenliebe wird, sind noch mehr kulturelle Unterschiede enthalten als in der erotischen Liebe. Insofern sind, je länger der Fremde bleibt, auch die Risiken der Enttäuschung und des Umschlagens von Liebe in Haß eher größer. Andererseits lassen sich aber die Enttäuschungen der Fremdenliebe geringer halten, sofern wir von Anfang an im Begriff des Fremden die kulturellen Differenzen mitdenken und unsere Erwartungen zukünftiger Übereinstimmung dämpfen.

So gelangt, über intuitives Vorwissen und Reflexion von Differenzen, eine gewisse Skepsis und Kühle in unsere Fremdenliebe. Ist sie, dergestalt zurückgenommen und temperiert, noch Liebe zu nennen? Treffen nicht Worte wie Toleranz, Achtung und Respekt den Sachverhalt besser?

Und wenn es so wäre: Sind solche nüchternen Beziehungstönungen nicht besser als eine emphatische Nächsten- oder Fremdenliebe geeignet, um die bleibenden Spannungen zwischen dem Fremden und dem Vertrauten sowie die kulturellen Differenzen in der modernen Welt auszuhalten und friedlich zu regeln? Die Integration einer globalen Sozialwelt wird sich ohnehin nicht auf Liebe gründen lassen, sondern ist auf die kalten Mechanismen des Interessenausgleichs über Märkte, Verträge und Abmachungen angewiesen.

Solche kühlen Interessenbeziehungen erscheinen auf den ersten Blick schwächer als Bindungen über Gefühle. Es gibt aber auch, in den Worten des amerikanischen Soziologen Mark Granovetter, »the strength of weak ties« – die Stärke schwacher Bindungen.[2]

Im Not- und Konfliktfall können wir allerdings weder auf Interessen noch auf Toleranz, noch gar auf die Liebe vertrauen, um die prekäre Spannung zwischen dem Eigenen und dem Fremden aufrechtzuerhalten: Es muß Rechtsgarantien und Sanktionen gegen Verstöße geben, in letzter Instanz also das Gewaltmonopol des Staates oder einer Staatengemeinschaft. Militär und Polizei müssen nicht geliebt, wohl aber in ihrer Notwendigkeit anerkannt werden. Je länger die Rechte und ihre Garantien institutionalisiert sind, desto mehr ist Verlaß darauf, daß sie respektiert werden.

Ob wir Rechte oder Respekt oder Liebe anrufen, um die Beziehungen zwischen Menschen zu regeln, die sich fremd sind – letzten Endes können diese Rufe nur gehört und verstanden werden, weil es über alle Unterschiede der Interessen und Kulturen hinweg doch eine tiefe Übereinstimmung der Menschen gibt. Es ist nicht so sehr eine Übereinstimmung in den Menschenrechten, denn die Kulturen geben individuellen Menschenrechten und kollektiven Verbindlichkeiten unterschiedlichen Raum. Vielmehr ist es eine Übereinstim-

---

2 Vgl. Mark Granovetter: »The Strength of Weak Ties«, in: *American Journal of Sociology* 78 (1973), S. 1360-1380.

mung in den Grundbedingungen sozialer Existenz: Geburt und Tod, Liebe und Trennung, Geborgenheit und Fremdheit. Auch den Grundprinzipien des Zusammenlebens wie dem Prinzip der Präferenz für das Eigene und dem Reziprozitätsprinz sind alle Menschen unweigerlich und gleichermaßen unterworfen. Bei allen Unterschieden der Macht und des Glücks: In dieser Unterworfenheit sind die Menschen gleich. Sie wissen es, sie fühlen es. Wenn es ein Verständnis oder gar Ansätze zur Solidarität zwischen Fremden gibt, dann ist ihr Grund in diesen geteilten Gefühlen zu suchen.

Diana

»Vor dem Volk habe ich unbedingt Respekt, und seine
irrationalen Wege sind mir lieber als die rationalen
Begründungen, die man dazu gibt.«
Hermann Hesse

Noch überraschender als ihr Tod war das Ausmaß der
Trauer um Prinzessin Diana. Die Trauer ergriff Paläste
und Slums, Staatspräsidenten und Stadtstreicher, Pop-
stars und Namenlose, Alte und Junge, Emanzen und
Machos, Schwarze und Weiße, Royalisten und Re-
publikaner, Briten und Anti-Briten, Dianas langjährige
Gefolgschaft in der illustrierten und ihre mokanten
Kommentatoren in der seriösen Presse. Wie jede soziale Bewegung zieht auch die Trauer Kreise. Von Tag
zu Tag wurden sie größer. Kollektive Trauer hat ihre eigene Anziehungskraft. Wer konnte sich ihr – sei es auch
als Kritiker – zum Schluß noch entziehen?

Die Wucht der Trauerbewegung überraschte alle. Sie
verblüffte besonders diejenigen, die Diana in einer engen, aber gebrochenen Beziehung verbunden waren, in
erster Linie Königin Elisabeth. Für sie war Diana
Schmerzenskind und Rivalin zugleich. Es ist verständlich, daß sie die Trauer ihres Volkes unterschätzte; und
nur zu verständlich, daß sie ihr – sei es aus Aufrichtigkeit, aus kalkuliertem Interesse oder aus stilisierter Zu-
rückhaltung – nicht voranschritt. So mußte sie ihr folgen – wie in Antoine de Saint-Exupérys Märchen vom
kleinen Prinzen, dem der König die Pflichten des Sou-

veräns erklärt: »Sie sind meine Untertanen. Ich muß ihnen folgen.« Die Queen tat es mit Würde – und verhehlte den Lerneffekt nicht: »Aus den außergewöhnlichen Reaktionen auf ihren Tod können wir etwas lernen«, sagte sie.

Überrascht waren auch die Boulevardjournalisten, die als Geschäftsleute der Gefühle in dem Ruf stehen, die Emotionen ihrer Kundschaft am besten zu kennen und von Fall zu Fall zu manipulieren. Da brach sich etwas ungesteuert Bahn – und wandte sich wütend gegen die vermeintlichen Manipulateure selbst. Auch diese zeigten sich zerknirscht und lernbereit. Sie bliesen die Fotojagd ab und gelobten, die Söhne der toten Prinzessin in Ruhe zu lassen. Am meisten überrascht waren aber wohl die Klugen im Lande. Als Publizisten und Pastoren, als Schriftsteller und Psychoanalytiker geben sie zu den laufenden Ereignissen den moralischen Ton an. Was haben sie zu der Trauerwelle zu sagen?

Vorwiegend natürlich Kritisches. Sie erinnern uns daran, daß jeden Tag Mütter und Väter sterben, daß viele Kinder in seelischer und oft materieller Not verlassen sind; warum trauern wir nicht um sie? Wir werden auf Mutter Teresa hingewiesen, die soviel selbstloser, entsagungsvoller und unauffälliger als die Prinzessin ihre guten Werke tat; hätte nicht sie die viel größere Trauer verdient? Offenbar ist die kollektive Trauer überaus ungerecht und unberechenbar in der Auswahl ihrer Objekte. Sie verstößt gegen alle Grundsätze der Gleichbehandlung. Sie genügt nicht moralischen Kriterien. Sie ist irrational. Höchste Zeit, daß ihr die gebührende Kritik zuteil wird. Wurde in den Nachkriegsjahren aus berufenem Munde ein Manko an (deutscher)

Trauer beklagt – *Die Unfähigkeit zu trauern* hieß der
Bestseller des Ehepaars Mitscherlich –, so wird heute
aus gegebenem Anlaß eher ein Zuviel an Trauer oder
falsche Trauer gerügt. Das Volk macht es einfach nicht
richtig; von »Massenhysterie« ist die Rede.

Dieses Trauer-Urteil kommt – wiederum – aus
Deutschland. Die britische Wirklichkeit trifft es nicht –
viel eher sagt es etwas über diejenigen, von denen es
stammt. Die Trauer um Diana ist manchen deutschen
Intellektuellen doppelt unheimlich: als Gefühlsbewe-
gung und als kollektive Bewegung. Kollektive Gefühle
gelten als irrational und gefährlich. Am besten, es gäbe
sie nicht. So werden sie denn für Schall und Rauch erklärt, für Einbildungen, Trugbilder, die von den harten
Fakten – etwa der Ökonomie und der Politik – ablen-
ken.

In dieser – vermeintlichen – Scheinwelt haben die
Gesellschaftskritiker – linke und rechte, Großintellek-
tuelle und Stammtischbrüder – die Prinzessin angesie-
delt. Ihre – der Kritiker – Sprache läßt keine Zweifel
daran: Diana sei ein Idol, eine Ikone, eine Legende, ein
Mythos. Die Sprachklischees, austauschbar und ohne
Unterlaß reproduziert, suggerieren immer das gleiche:
Unwirklichkeit. Nicht nur die lebende und die tote
Diana sollen entwirklicht werden, sondern auch ihre
gesellschaftlichen Verhältnisse. Die Gefühlsbindungen
zwischen ihr und denen, die sie bewundert haben und
betrauern, werden als nichtswürdig, als ein Nichts ent-
larvt: Träume und Schäume, falsches Bewußtsein! Der
französische Philosoph Paul Virilio radikalisiert den
Konsens der Kritiker: Die Frau habe nie wirklich existiert. Diana, eine reine Kunstfigur, eine Erfindung

der Medien. Eine Konstruktion zur Befriedigung der Scheinbedürfnisse des Volkes.

Damit sind die drei Versatzstücke des Gesellschaftsbildes gegeben, an denen sich die Diskussion (gleichsam als Schrumpfkopf kritischer Theorie) abarbeitet: die Prinzessin, schön-dumm; das Volk, gleichfalls dumm und idolbedürftig; und die bös-mächtigen Medien, die zwischen beider Traumwelten vermitteln, ja diese erst ins Leben rufen. Das Ganze wird als ein System des schönen Scheins dargestellt, als eine irreale Welt, durchschaut selbstredend nur von der Klugheit gebildeter Kritiker.

Sie sind so stolz auf das, was sie »Dekonstruktion« einer Scheinwelt nennen, daß sie nicht gewahr werden, daß dies *ihre* Scheinwelt ist. Den Popanz, den sie niederreißen, haben sie selbst errichtet. Das falsche Bewußtsein ist *ihr* – der Kritiker – falsches Bewußtsein. Die Entlarvung, die sie so herablassend wie selbstgewiß betreiben, ist *ihr* Fluchtversuch vor der Wirklichkeit – vor einer Wirklichkeit allerdings, die viel zu mächtig ist, als daß man ihr entkommen könnte. Die Traumtänzer sind die Kritiker. Dagegen ist Dianas Welt tiefste Wirklichkeit, eine Wirklichkeit, die wir mit ihr teilen. Diana selbst ist Realität. Sie war (und wurde) Realistin. Sie hat Realität verkörpert. Sie hat Realität mitgeschaffen, und dies nicht erst im Tode. So ist auch die Trauer um sie eine reale – eine Trauer aus guten Gründen.

Auf – mindestens – drei Ebenen hat Diana das Realitätsprinzip in soziale Kreise eingeführt, die sich in ihren jeweiligen Irrealitäten und Beschränkungen eingerichtet hatten. Die muffelnde Welt der Windsors hat sie mit den Wirklichkeiten des Glamours und des

Elends, der Nachtclubs und der Nachtasyle, des Engagements und der Volkstümlichkeit durchlüftet.

Die Welt der Beziehungen zwischen dem Volk und
seinen öffentlichen Repräsentanten, die in der Tat zur
Idolisierung – aber auch zur Verteufelung – neigt, hat
sie mit der freimütigen Offenbarung ihrer persönlichen
Schwächen und Schwierigkeiten um eine häßliche
Wirklichkeit in der schönen bereichert. Als Märchen-
prinzessin demontierte sie sich selbst. Sie wirkte ihrer
Idolisierung entgegen. In die Öffentlichkeit brachte sie
zuviel Offenheit ein, zuviel Wissen, zuviel selbstge-
machte Erfahrungen, zuviel Wirklichkeit für ein Idol.
Sie ist viel weniger Idol als Mutter Teresa und andere
Personen des öffentlichen Lebens, deren innere Ab-
gründe uns verborgen bleiben. Ob Diana, wie bis zum
Überdruß wiederholt wird, als Identifikationsfigur
stellvertretend unsere Träume lebte, muß bezweifelt
werden. Bulimie und eine scheiternde Ehe sind nicht
gerade das, wovon junge Frauen träumen; Männer auch
nicht.

Wenn die Prinzessin Träume (die übrigens auch zur
Realität gehören) verkörperte, dann noch mehr das
böse Erwachen und neue Hoffnungen. Sie hat vor-
gemacht, daß man *kein* Traumleben haben muß, um zu
bestehen und zu wachsen. Den vielen Trauernden,
denen sie mit dieser ihrer komplexen Realität als
Vor-Bild, Eben-Bild, Spiegel-Bild diente, mangelnden
Wirklichkeitssinn vorzuwerfen – was sonst soll »Idolisierung« heißen? –, fällt als Vorwurf auf die Kritiker
selbst zurück. Welche Wirklichkeit hätten sie denn
gern?

Vielleicht die »ganze« Wirklichkeit der Diana. Zu

Recht können sie darauf hinweisen, daß die Selbstdarstellung der Prinzessin wie auch das, was die Medien
hinzufügen oder wegnehmen, zwangsläufig etwas anderes, nicht Gezeigtes, nicht Gesagtes verbirgt. Nie
läßt sich eine Individualität »ganz« erkunden. Jede
neue Belichtung taucht etwas anderes ins Dunkel. Pa-
parazzi und Historiker, unsere Enthüllungsbeauftrag-
ten, jagen auch zu Lebzeiten Dianas einer uneinhol-
baren Wirklichkeit hinterher. Zur »ganzen« Wahrheit
gelangen sie – und wir – nie. Die Lücken können mit
Legenden gefüllt werden. Auch so läßt sich Idolisierung verstehen.

Sie ist in dieser Sicht unvermeidlich. Aber das ist unwichtig. Denn um Diana als Individuum geht es bei all-
dem nur scheinbar. Zwar sind wir, im Zeitalter des Individualismus, ganz aufs Individuum fixiert. In jedem
Kuß, in jedem Kummer Dianas sehen wir Zeichen eines
einzigartigen Lebens. Aber je mehr wir ihre Individualität suchen, desto eher finden wir in ihr etwas anderes:
das, was wir mit ihr *teilen und gemein haben*, das All-
Gemeine, das Kollektive: Konflikte zwischen Mann
und Frau, zwischen Tochter und Schwiegermutter,
zwischen Spontaneität und Tradition; die Angst zu ver-
sagen und den Mut zum Neuanfang; das Unglück und
das Glück, die Liebe, den Haß und schließlich den Tod.
Wir könnten Diana gar nicht verstehen, würden wir
uns nicht in sie hineinversetzen, uns mit ihr *gleich*setzen, *uns mit ihr in eins setzen*, identifizieren. Ohne es
zu wissen und zu wollen bilden wir mit ihr: kollektive
Identität.

Es ist diese Realität der gemeinsamen und verbin-
denden Gefühle, in die uns Diana, als Mit-Schöpferin

und Aufklärerin über ihren Tod hinaus, einführt. Wen die Wirklichkeit der *geteilten Gefühle* von Fall zu Fall umfaßt, ist eine offene Frage. Gewiß ist, daß sie in jeden von uns hineinreicht. Jede Person ist nicht nur eine individuelle – einzigartige –, sondern auch eine Vielzahl von kollektiven Personen in dem, was sie mit anderen teilt. Weil Diana *Teil* von vielen kollektiven Personen – Menschen ihres Alters, ihrer Lebenslust, Verstoßenen, aufbegehrenden Frauen, Engagierten, Hilfsbedürftigen und Helfenden in aller Welt – war, wird um sie getrauert, nicht wegen besonderer moralischer Qualitäten (die oft erst im nachhinein bekannt werden).

Wie wird aus Gemeinsamkeit Verbundenheit als Zuneigung? Indem wir das, was wir miteinander teilen, uns gegenseitig mitteilen. So erkennen wir einander, erkennen uns an. *Erwiderte Anerkennung* erzeugt Übereinstimmung, also kollektive Identitäten. Sie ist der große Kraftquell, aus dem auch der individuelle Teil unserer Person schöpft. In den Verwandten- und Freundeskreisen, aus denen wir kommen, sind wir an diesem Kraftwerk schöpfend und schöpferisch beteiligt. Aus dem Familienleben wußte Diana, was Verlust von Anerkennung, was Lieblosigkeit bedeutet; dort revanchierte sie sich. Auf der anderen Seite war ihre Fähigkeit *anzuerkennen*, mitzufühlen, groß, ja grenzenlos. Die Menschen, an die sie sich, auch über die Massenmedien, wandte, spürten das – und erwiderten ihre Gefühle.

Die Gefühle hat Diana nicht geschaffen. Aber sie hat sie auf sich gezogen. Sie wurde so zu einem Bezugspunkt geteilter Gefühle. Die Prinzessin gehört zu den wenigen Menschen, die die von vielen geteilten Gefühle bündeln und wieder ausstrahlen. Diana hat Ausstrahlung. Diese *schafft*, über erwiderte Anerkennung, selbst eine neue Art von Gefühlsbindung zwischen Diana und uns: ein Charisma. Auch diese Gefühlsbindung ist soziale Wirklichkeit, sogar in hoher, brisanter Potenz. Sie ist ein Gemeinschaftswerk des Volkes und seiner Prinzessin. Sie stärkt, ja ermächtigt beide: die charismatische Person und das Volk. Die neue Macht-Wirklichkeit, lange Zeit unerkannt, offenbart sich urplötzlich in kollektiver Trauer. Die Trauer selbst wird zu einem Machtfaktor. Sie bemächtigt sich der Öffentlichkeit. Das öffentliche Zeremoniell kann sich ihr nicht mehr entziehen.

Auch die Massenmedien können es nicht. Als Medien vergrößern sie die Reichweite der charismatischen Gemeinschaft. Aber sie sind und bleiben Medien, mehr nicht. Sie stehen staunend vor dem Blumenmeer, das niemand geordnet hat. Sie ducken sich vor dem Zorn des Volkes. Sie transportieren ein Charisma, aber sie erschaffen es nicht. Auch ein Amt verschafft kein Charisma. Königin Elisabeth hat seit langer Zeit beides: Medienwirkung und Amt. Charisma blieb ihr versagt. Charisma ist das Unmachbare, das Unplanbare, das Unheimliche in der sozialen Wirklichkeit. Charisma bindet – und zerstört auch – mit ungeahnter Kraft.

Indem die charismatische Person die Aufmerksamkeit und die Gefühle von vielen an sich bindet, verbindet sie die Vielen untereinander. Dies ist der wichtigere Prozeß. Wie immer spielt sich das Wichtigere unterderhand ab. Während aller Augen sich auf Diana – und andere Protagonisten – richten, schaffen die Schauenden im Gleichklang der Gefühle unbewußt und ungewollt ihre eigene Gemeinschaft. Sie ist latent, kann aber jederzeit »realisiert« werden. Wildfremde Menschen haben plötzlich ein gemeinsames Thema. Sie teilen sich mit und erkennen: Wir fühlen *gleich*. Ihre Verbundenheit hat nichts Metaphysisches, Mythisches. Sie ist Realität, kollektive Realität. Von ihr aus gesehen sind auch die charismatischen Personen, die im Scheinwerferlicht stehen, nichts anderes als Medien.

Wer Drahtzieher hinter ihnen sucht und auf gewiefte Impresarios oder kapitalkräftige Werbemogule stößt, blickt zu kurz. Auch ihr Erfolg beruht nur auf der Einsicht in die Realität der kollektiven Gefühle. Diese sind immer vorher da. In ihnen liegt die Macht. Sie suchen sich Anlässe (Events) und Träger, um sich »persönlich« zu zeigen. Vor Diana waren es James Dean, John F. Kennedy, Janis Joplin, Elvis, John Lennon, Bob Marley... Nach ihr werden es andere sein. Was dem individualistisch geblendeten Blick als Hauptperson erscheint, ist in der Realität der kollektiven Gefühle nur Mittelsmann, Mittelsfrau. Ironischerweise öffnet gerade die extreme Individualisierung der Aufmerksamkeit auf Diana den Blick für die Realität kollektiver Gefühle.

Woher rührt diese Realität? Es gebe in der kalten Welt einen Hunger nach Anerkennung, nach Gemeinschaftlichkeit, nach geteilten Gefühlen, nach Festen, auch Trauerfesten, hört man oft. Die Trauer um Diana erscheint demnach als Ausfluß von individuellen Bedürfnissen nach Anerkennung, die im privaten Leben nicht befriedigt werden und bei Diana ersatzweise andocken. Diese psychologische Erklärung verkennt den Ursprung kollektiver Gefühle aus harter gesellschaftlicher Notwendigkeit: der Notwendigkeit, die in der modernen Welt aufeinandertreffenden Individuen, Interessen und Kulturen auf einen gemeinsamen Nenner zu bringen.

Was ist das Verbindende in einer Welt, in der die Frankfurter Sekretärin mit Managern aus Nigeria und Kaufleuten aus Kasachstan telefonieren muß, in der Bundeswehrsoldaten zwischen Kroaten, Serben und Bosniern patrouillieren, in der jede Kleinstadt Zuwanderer aus Kurdistan und Sri Lanka kennt, in der Wissenschaftler aus Frankreich, Amerika und Japan sich die neusten Forschungsergebnisse zu Aids streitig machen? Sind es die weltweiten Wirtschaftsbeziehungen, die Märkte? Durch sie werden Interessen-Ungleichheiten und Unsicherheiten noch potenziert. Sind es die Menschenrechte? Unter ihrem Banner verwandelt sich das Postulat der gegenseitigen Anerkennung der Kulturen in eine moralische Angriffswaffe der westlichen Kultur.

Märkte, Moral und staatliche Gewalt schaffen in der Weltgesellschaft mehr Konflikte als sie lösen. Den steigenden Bedarf an Anerkennung des anderen befriedigen sie nicht. Im Gegenteil: Sie selbst, als Institutionen, bedürfen der Anerkennung als Unterfutter. Wie sonst sollen sie von den vielen angenommen, legitimiert und gegen Willkür und Zerstörung verteidigt werden – wenn nicht durch geteilte Gefühle? Das Problem ist, daß sie das, was sie brauchen, nicht selbst erzeugen können. Denn Gefühle sind spontan; sie entziehen sich der zweckrationalen Gestaltung. Zwar sind sie von Kultur zu Kultur unterschiedlich geprägt; Chinesen und Muslime sehen, aus der Ferne, dem Pomp des Trauerrituals in Westminster eher mit Verwunderung und Ironie, wenn nicht mit Abscheu zu. Aber gerade dort, wo Kulturen, Interessen und Argumente die Menschen trennen, ja gegeneinander aufbringen, gibt es immer eine Gemeinsamkeit von Gefühlen, die alle verstehen. Sind auch Gefühlsgemeinschaften Grenzen gesetzt, so ist es doch wichtig zu wissen, daß sie Klassen-, Rassen- und nationale Grenzen überspringen können, daß wir auf gemeinsamem Grund stehen. Diana und ihre Trauernden haben uns auf den Grund sehen lassen. Auch wenn wir, vom Alltag bedrängt, den Blick nicht lange halten werden – stehen wir, im Bewußtsein geteilter Gefühle, nicht sicherer, zuversichtlicher?

Wenn die Realität kollektiver Gefühle allem sozialen Leben zugrunde liegt – wie erklärt sich dann, daß diese Realität in der modernen Welt so oft als Ersatzwelt für die Schwachen herabgewürdigt oder als Scheinwelt verleugnet wird? Als spontane Realität steht sie dem rationalen Gestaltungswillen der Moderne entgegen, als kollektive Realität dem individualistischen Selbstverständnis. Als moralische Realität ist sie in Deutschland diskreditiert, seit der Charismatiker Hitler sie auf die Seite des Bösen gezogen hat. In der Tat sind kollektive Gefühle nicht das Gute – aber das Böse sind sie auch nicht. Sie enthalten die Moral der großen Zahl, die Normalität des Durchschnitts. Als solche stellen sie eine Macht dar, unabhängig von der jeweils herrschenden Moral. Von ihr aus gesehen sind sie mal gut, mal böse. Auf alle Fälle nicht ganz beherrschbar, also bedrohlich. Aus Angst verschließen wir die Augen vor ihnen oder nehmen sie nicht ernst. So können wir uns dann, als Gefühlsgemeinschaft der Intellektuellen, beim nächsten

Auftauchen anderer kollektiver Gefühle – in religiösen,
ethnischen, nationalen oder Klassenkonflikten – selbst
wieder fassungslos empören: über Realitäten, die wir
nicht erkennen und anerkennen wollen.

Charly

Gehe ich mit Charly spazieren, schaue ich den Menschen, die uns begegnen, ins Gesicht, ich schaue ob sie Charly ignorieren oder ob sie einen Bogen um Charly machen oder ob sie finster auf Charly blicken. Blicken sie finster auf Charly, blicke ich finster auf sie, lächeln sie Charly an, lächle ich sie an, können sie ihren von Charly gerührten Blick nicht von ihm wenden, kann ich gerührt meinen Blick nicht von ihnen wenden. Indem sie eine Beziehung zu Charly aufnehmen, nehmen sie eine Beziehung zu mir auf, obwohl sie keinerlei Beziehung zu mir im Sinn haben, nehmen sie eine Beziehung zu mir auf. Nehmen sie eine Beziehung zu mir auf? Jedenfalls nehme *ich* eine Beziehung zu ihnen auf, Charly bringt mich in Beziehung zu Leuten, ohne daß *sie* es wissen, knüpft er zwischen Leuten und mir eine Beziehung, ohne daß *er* es weiß, knüpft er zwischen Leuten und mir eine Beziehung. Er tut es ohne es zu wollen, ohne daß irgend jemand es weiß oder will, bringt Charly Menschen in Beziehung zueinander, er bringt Beziehungen unter die Menschen, er bringt die Menschen dazu, sich auf ihn zu beziehen, auch wenn sie sich nicht auf ihn beziehen *wollen*, können sie manchmal nicht umhin, sich auf ihn zu beziehen.

Sitzen wir im »Adler« und stromert Charly unter anderen Tischen und an anderen Beinen herum, können die anderen nicht anders, als sich auf ihn zu beziehen, sie können ihn streicheln oder ihre Beine vor ihm zurückziehen oder sich über ihn entrüsten. Indem sie sich über ihn entrüsten, entrüsten sie sich über mich, indem sie sich vor ihm auf sich zurückziehen, ziehen sie sich vor mir auf sich zurück, indem sie ihn streicheln, streicheln sie mich. Obwohl Charly zwischen Menschen keinen Unterschied macht, macht er die Menschen unterschiedlich, sofern er sie nicht unterschiedlich *macht*, bringt er Unterschiede zwischen ihnen hervor, er macht die Menschen durch ihre unwillkürlichen Beziehungen zu ihm unterscheidbar. Ich unterscheide Menschen mit kritischen Beziehungen zu Charly von Menschen mit liebevollen Beziehungen zu Charly, es gibt Menschen mit kritischem und solche mit liebevollem Verhältnis zu Hunden, manche Menschen mit kritischem Verhältnis zu Hunden haben auch ein kritisches Verhältnis zu Katzen, manche Menschen mit kritischem Verhältnis zu Hunden haben aber ein liebevolles Verhältnis zu Katzen, so, wie manche Menschen mit liebevollem Verhältnis zu Hunden ein kritisches Verhältnis zu Katzen haben. Menschen mit kritischem Verhältnis zu Hunden *und* zu Katzen haben wahrscheinlich ein kritisches Verhältnis zu Tieren, wir wissen das nicht genau, wir haben es soziologisch nie erforscht, vielleicht haben Menschen mit kritischem Verhältnis zu Tieren auch ein kritisches Verhältnis zu Menschen, auch das wissen wir nicht, wir vermuten es aber, man kann es oft hören, vielleicht haben Menschen mit kritischem Verhältnis zu Tieren überhaupt ein kritisches Verhältnis zur Umwelt, vielleicht treten sie aber auch als Schützer der Umwelt auf, vielleicht wollen sie die Umwelt gegen Tiere und gegen Menschen schützen, was heißt es, die Umwelt gegen Tiere und gegen

Menschen schützen zu wollen?, der Umweltschützer
Stern hat manchmal die Umwelt gegen Tiere und
manchmal Tiere gegen Tiere und meistens Tiere gegen
Menschen in Schutz genommen.

Alle unsere Verhältnisse zu Tieren und alle unsere
Verhältnisse sind durch und durch moralisch, sie sind
nicht weniger als unsere Verhältnisse zu Menschen
moralische Verhältnisse. Ganz strenge Vorstellungen
haben wir davon, wie unsere Verhältnisse zu Hunden
sein sollen und zu Katzen sein sollen und zu anderen
Tieren sein sollen. Sosehr wir diese moralischen Vorstellungen teilen, so bleibt doch noch genug moralischer Raum für Unterschiede, wir dürfen Tiere nicht
quälen, aber wir dürfen ein kritisches Verhältnis und
müssen kein liebevolles Verhältnis zu ihnen haben.

Natürlich kann auch Charly zwischen Menschen
mit kritischem und liebevollem Verhältnis zu Hunden
unterscheiden, aber normalerweise tut er es nicht, er
tut es nur, wenn es für ihn nötig erscheint, meist erscheint es ihm unnötig, Charly verhält sich so, als ob
alle Menschen zu ihm, also zu Hunden, ein liebevolles,
zumindest kein kritisches oder ihn gefährdendes Verhältnis hätten. Charlys spontanes Verhältnis zu allen
Menschen ist ein unkritisches, damit scheint er gut zu
fahren, so gut scheint er damit zu fahren, daß ich gar
nicht weiß, wie er sich, würde er von Menschen angegriffen, verhalten würde. Menschen, die Hunde an-
greifen, scheint es, wo Charly und ich leben, kaum zu
geben, wohl aber gibt es viele Menschen mit einem kritischen Verhältnis zu Hunden. Charly behandelt sie so,
als ob sie kein kritisches Verhältnis zu Hunden hätten,
ob er damit allerdings ihr kritisches Verhältnis zu Hun-

den zu einem unkritischen machen kann, ist zweifel-
haft.

Umgekehrt haben ja auch alle Begegnungen Charlys
mit Menschen mit kritischem Verhältnis zu Hunden
Charlys unkritisches Verhältnis zu Menschen nicht zu
einem kritischen gemacht. Charly hat sein Vertrauen in
die Menschheit nicht verloren, sogar sein Vertrauen in
die Autoheit hat er wiedergewonnen. Nachdem Charly
als junger Hund von einem BMW angefahren worden
war und lange Zeit das Vertrauen zu Autos und insbesondere zu BMWs verloren hatte, hat er jetzt dum-
merweise wieder volles Vertrauen, nicht von Autos angefahren zu werden. Charly der, wenn die Hündinnen
heiß sind, viel allein unterwegs ist, trottet, als ob nichts
ihm etwas anhaben könne und als ob nie ein BMW ihm
etwas angehabt hätte, über die Straßen. Charly hat einen Schutzengel, manchmal legt Charly sich auf eine
Straße, manchmal läuft er einen anderen Hund erspä-
hend von meiner Seite weg über die Straße, daß ich hinter ihm her schreie, hält ihn nicht zurück, höchstens
hält ihn zurück, wenn ich ganz früh schreie und also
ganz nah schreie und schrecklich schreie und ihn also
erschrecke.

Meist läßt er sich nicht von mir beirren, es ist mir
nicht gelungen, ihn so, daß er sich von mir beirren ließe,
zu erziehen. Charly hört nicht, obwohl er mich hört,
hört er nicht auf mich, je weiter er von mir weg ist, desto weniger hört er auf mich, obwohl er mich sicher
auch dann noch hört, verhält er sich, als ob er mich
nicht höre. Verhält er sich so ungehorsam, weil auf die
Entfernung auch jede Strafe entfernt ist oder weil er
einfach glaubt, daß man auf Entfernung nicht zu hören

brauche, oder weil er glaubt, daß ich glaube, daß er mich auf die Entfernung nicht höre? Wir wissen es nicht. Daß Charly nicht hört, amüsiert die Menschen, die es hören und sehen, oder es ärgert sie, sie machen sich Charlys Beziehung zu mir zu eigen, Charlys Beziehung zu mir betrifft sie, auch wenn sie keinerlei Beziehung zu mir und keinerlei Beziehung zu Charly haben, betrifft sie Charlys Beziehung zu mir. Aus Charlys Beziehung zu mir machen sie eine Beziehung zwischen ihnen und mir, es ist dies eine Beziehung nachsichtigen Spotts oder eine Beziehung bösen Zorns, Charly kreiert gute und böse Beziehungen zwischen unserem Publikum und mir, an Charlys Beziehung zu mir scheiden sich, wie es so heißt, die Geister, an unserer Beziehung scheiden sich die Beziehungen unseres Publikums zu mir, das Publikum nimmt meine Beziehung zu Charly als ein gescheitertes Erziehen wahr, Charlys Beziehung zu mir als ein gelungenes sich dem Erziehen Entziehen (mit dem Ergebnis der Ungezogenheit).

Unser Publikum teilt sich, teils schlägt es sich auf die eine, teils auf die andere Seite, einesteils schlägt es sich auf die Seite der Erziehung, anderenteils schlägt es sich auf die Seite der Freiheit, immer aber steht es auf der Seite der Schwachen. Entweder ist es auf der Seite der stark sein sollenden, aber schwachen Erziehung, oder es ist auf der Seite der Schwachen, die wie Charly stark genug sind, der Erziehung ein Schnippchen zu schlagen. Die Vergeblichkeit meiner Erziehung Charlys teilt unser Publikum in erzürnte Erzieher und frohlockende Freigeister, während sich die Freigeister über die Niederlage der Erziehung freuen, regen sich die Erzieher darüber auf, während die Freigeister auf seiten Charlys stehen, stehen die enttäuschten Erzieher aber nicht auf *meiner* Seite, im Gegenteil, sie stehen gegen mich, namens der Erziehung stehen sie gegen mich, ich bringe Schande über die Erziehung, ich lasse die Erziehung schwach aussehen, ich mache die Erziehung lächerlich, ich entwerte den Wert der Erziehung.

Da ich Charly nicht erzogen habe und die enttäuschten Erzieher Charly nicht an meiner Stelle erziehen dürfen, wollen sie wenigstens mich erziehen, Charly zu erziehen, es ist erstaunlich, wie viele Menschen mich erziehen wollen, Charly zu erziehen, wildfremde Leute wollen mich zum Erzieher erziehen, sie rufen mir aus ihren langsam fahrenden Autos zu, sie rufen mir im Namen Charlys zu, manchmal sitzen Hunde neben ihnen, keineswegs ist es ja so, daß die meine Erziehung Charlys Einfordernden Hundefeinde wären, im Gegenteil, sie fühlen Verantwortung für Hunde, sie wollen für Hunde das Beste, sie wollen eine Erziehungsbeziehung, für sie ist Beziehung Erziehung, haben sie nicht recht?

Auch Menschen, zu denen ich eine gescheiterte Beziehung habe, wollten mich zu Charlys Erzieher erziehen, zwischen meiner gescheiterten Beziehung zu ihnen und meiner gescheiterten Erziehung Charlys sehen sie eine Beziehung, nur *eine* Beziehung?, wenn die Welt der Beziehungen so einfach wäre! Zwar ist sie manchmal so einfach, manchmal ist sie einfach eine Welt von Hundefeinden und Hundefreunden, meist ist sie aber eine Welt von Hundefreunden und Hundefreunden, wir leben in einer Welt von lauter Hundefreunden, solange wir in unserer kleinen europäischen Welt bleiben, bleiben wir unter uns Hundefreunden, erst wenn wir, was wir nicht werden, als Weltbürger wirklich in die weite Welt eintreten würden, würden wir wieder in eine Welt von Hundefeinden und Hundefreunden eintreten, wir würden eintreten in eine Welt, wo Muslime Hunde als schamlos und unrein verstoßen und Anhänger Zarathustras Hunde als heilig verehren.

Welche Beziehungen würde es in der *einen* Welt zwischen den Verächtern und den Verehrern und den Verzehrern von Hunden geben, welche Beziehungen würden wir Hundefreunde zu unseren Weltmitbürgern haben? Würden wir sie erziehen, unsere Beziehung zu Hunden zu ihrer Beziehung zu Hunden zu machen?, *wie* würden wir sie erziehen? Könnten wir sie uns zu Freunden machen, um sie dann zu Hundefreunden zu machen?, würde es genügen, ihnen Vorbild zu sein? Könnten sie unsere Welt der Beziehungen zwischen lauter Hundefreunden als vorbildlich annehmen?

Hier, wo Hundefeinde fehlen, kämpfen Hundefreunde gegen Hundefreunde, Hundefreunde mit Leine stehen gegen Hundefreunde ohne Leine, Hundekot entsorgende Hundefreunde stehen gegen nicht entsorgende Hundefreunde. Zwar gibt es auch Freundschaft unter Hundefreunden, es gibt Liebe unter Hundefreunden, wenn Hundefreundin und Hundefreund sich lieben, wird mehr aus der Liebe, in wie vielen Paaren steigert nicht die Liebe zum gemeinsamen Hund die Liebe!, aber ach, auch die Liebe zwischen Hundefreunden ist nicht gegen Liebesschwund gefeit. Wo die Liebe zwischen Hundefreunden schwindet, wird die Liebe zum Hund zur Eifersucht auf den Hund, schwindet die Liebe, kommt die Liebe auf den Hund. Während die Liebe zwischen Menschen auf den Hund

kommen kann, kann die Liebe zwischen Hund und
Mensch nie auf den Hund kommen, während der
Mensch seinem Menschen seine Liebe entziehen kann,
kann der Hund seinem Menschen seine Liebe nicht
entziehen, während der Hund seinem Menschen seine
Liebe nicht entziehen kann, kann der Mensch seinem
Hund seine Liebe entziehen.

Daß der Mensch dem Menschen wie dem Hund
seine Liebe entziehen kann und also seine Liebe verlieren kann, erzeugt das Unglück in der Welt. Daß der
Mensch seine Liebe entzieht und also verliert, ist nicht
der Ursprung allen Unglücks, aber setzt alles Unglück
fort. Je mehr Liebe in die Welt kommt, desto mehr
Liebe wird entzogen und verloren, desto unglücklicher
wird die Welt. Je mehr Liebe in der Welt möglich erscheint und gefordert wird, desto unglücklicher wird
die Welt, je mehr sich der Liebesanspruch steigert, desto mehr steigert sich die Enttäuschung über entzogene
Liebe, desto mehr steigern sich die Versuche, Liebe mit
Gewalt zu halten. Was wir Gewalt nennen, ist nichts
anderes als der Versuch, den Entzug der Liebe aufzu-
halten, Liebe und Liebesentzug und Vergewaltigung
steigern sich Hand in Hand. Wo sich wie in der modernen Welt alles steigert und entzieht, werden Beziehungen, die sich nicht steigern und nicht entziehen, kost-
bar. Die Liebe des Hundes zum Menschen steigert sich
nicht und entzieht sich nicht.

Mag der Mensch modern, wie er ist, seine Liebe zum
Hund steigern und seine Liebeserwartungen an den
Hund steigern und seine Enttäuschungen über den
Hund steigern und seine Strafen über seine Enttäu-
schungen steigern, so steigert der Hund seine Liebe

nicht und entzieht sie nicht, höchstens seine Angst steigert er, seine Liebe zum Menschen bleibt immer gleich,
Charlys Beziehung zu mir bleibt immer gleich.

Daß seine Beziehung zu mir immer gleichbleibt,
heißt nicht, daß sie eintönig ist. Charlys Beziehung zu
mir hat viele Töne und viele Gesten. Sieht er mich
Milch trinken, fordert er vor mir sitzend und bellend
auch Milch zu trinken, wird er ungeduldig, reckt er mir
laut brummelnd mit Seehundsbewegungen den Kopf
entgegen, will er raus, schnappt er sich eine Zeitung
oder einen Umschlag aus dem Papierkorb und bedeutet
mir mit der Beute vor mir herum knurzelnd, ihm zu
folgen, gelingt es ihm, ein Papiertaschentuch aus meiner Hosentasche zu ziehen, zieht er sich damit zurück,
um es zu zerfetzen, will er gestreichelt werden, zieht er
mit der Pfote an meinem Arm, sitzt er von einer seiner
Eskapaden zurück draußen vor dem geschlossenen
Gartentor, begehrt er mit kurzem Bellen im Fünfzehn-
Sekunden-Takt Einlaß, rührt sich innen nichts, läuft er
auf Passanten zu und bittet bellend, was die meisten
nicht verstehen, ja mißverstehen und in Schrecken ver-
setzt, ihm das Gartentor zu öffnen.

Charly kann rufen, aber nicht antworten, während
meine Kinder, wenn ich sie rufe, antworten können
oder kommen können oder nicht kommen können,
kann Charly nur kommen oder nicht kommen, meistens kommt er nicht. Ist es dunkel und sehe ich ihn
nicht, dann weiß ich nicht, ob er mich nicht hört oder
ob er mich hört und nur nicht kommt. Kommt er nicht,
sorge ich mich um ihn oder ärgere mich über ihn oder
entzücke mich über ihn. Was mich entzückt, ist sein
Eigensinn und seine Schlauheit, daß er mich überlistet,

genieße ich. Wie er mich zum ersten Mal in großem Stil
überlistet hat, genieße ich noch immer, wir waren im
»Weinberg« gewesen, und Charly hatte nicht zu
schlecht aus der Küche bekommen, nur langsam trot-
tete er durch die Pferdstraße hinter mir her, immer wieder mußte ich ihn rufen, plötzlich war er verschwunden, ich rief nach vorn, ich rief nach hinten, ich schaute
seitwärts in die Gassen hinein, kein Charly weit und
breit, rufend und grübelnd zog ich durch die Altstadt,
noch nie war Charly verschwunden gewesen, schließlich ging ich zum »Weinberg« zurück, wer lag vor der
Küche, Charly. Er war nicht einfach zurückgeblieben,
sondern hatte sich zurückfallen lassen, er hatte sich
hinter meinem Rücken davongemacht, er hatte sich,
niemand wußte wie, Einlaß verschafft. Natürlich gab es
zärtliches Geschimpfe, erleichtertes Gelächter, Lob der
Schlauheit, gesenkten Schwanz, den ganzen Heimweg
mußte der gemaßregelte Charly neben mir bei Fuß laufen, fast den ganzen Heimweg lang, er mußte sich, daß
er ein ungezogener Hund sei, anhören, er mußte sich,
daß er mich blamiere, anhören, er mußte sich anhören,
er sei ein listiges Vieh, er mußte sich, er solle nicht glauben, daß ich jedesmal hinter ihm hersuche, anhören.
Was wäre, hätte ich nicht hinter ihm hergesucht?, unsere Beziehung hätte aufgehört, wer von uns beiden
kümmert sich eigentlich darum, daß unsere Beziehung
nicht aufhört? Normalerweise verlasse ich mich darauf,
daß er mich nicht verläßt, er verläßt sich wohl darauf,
daß ich ihn nicht verlasse. Setzt er unsere Beziehung
aufs Spiel, weil er weiß, daß er sich auf mich verlassen
kann oder weil es ihm egal ist oder weil er gar nichts
weiß?

Was er, während er alles anhörte, fühlte, auch daß ich Stolz, daß er mich überlistet hatte, fühlte, weiß ich nicht. Jedenfalls genoß ich, von ihm überlistet worden zu sein, wie ich, daß er nun gehorsam und mit gesenktem Kopf und gesenkter Rute, also wie die Menschen sagen, schuldbewußt neben mir her lief, genoß. Wäre ihm etwas anderes übriggeblieben? Daß ihre Tiere sich ihnen anvertrauen und unterordnen, haben die Menschen immer genossen. Seit die Menschen sich und anderen Selbstbestimmung abfordern, genießen sie die Beziehung zu ihren sich ihnen bedingungslos anvertrauenden und unterordnenden Tieren doppelt. Daß ihre Tiere sich ihnen anvertrauen und unterordnen, genießen die Menschen um so mehr, als sie merken, daß Hund und Katze der Selbstbestimmung durchaus fähig sind, in den Aufsässigkeiten und Eigenwegen ihrer Tiere erkennen die Menschen ihren eigenen Hang zur Selbstbestimmung. Wären die Tiere in ihrem Hang zur Selbstbestimmung den Menschen nicht ähnlich, könnten sich die Menschen darüber, daß letztlich ihretwegen die Tiere auf Selbstbestimmung verzichten oder sich der menschlichen Macht unterordnen, nicht so freuen, wie sie es, wenn auch schlechten Gewissens, tun.

Anders als bei ihren Kindern und bei anderen Menschen, gegen die der Kampf um Selbstbestimmung auf die Dauer immer verloren wird oder in seinem Ausgang ungewiß ist, ist der Ausgang des von ihren Tieren geführten Kampfes um Selbstbestimmung den Menschen immer gewiß. Da sie sicher sind, den Kampf um die Selbstbestimmung ihrer Tiere immer zu gewinnen, können die Menschen diesem Kampf ihrer Tiere genußvoll zuschauen. Obwohl die Menschen im Kampf ihrer Tiere um Selbstbestimmung selbst kämpfende Partei sind, können sie dem Kampf zuschauen, anders als ihre Tiere können sie dem Kampf mit ihren Tieren zuschauen, genußvoll können sie den Kampf mit ihren Tieren führen und ihm zugleich zuschauen. Der menschliche Genuß an diesem Kampf ist nicht, wie man vordergründig meinen könnte, bei den autoritären, also die Unterwerfung liebenden Menschen am größten, größer als bei den autoritären ist die Lust am Kampf der Tiere um ihre Selbstbestimmung bei den die Selbstbestimmung liebenden modernen antiautoritären Menschen. Während autoritäre Menschen nur die Unterwerfung der Tiere genießen, genießen antiautoritäre Menschen auch die Selbstbestimmungsbestrebungen der Tiere und den Kampf der Tiere und den Kampf mit den Tieren, ohne letztlich jemals auf den Genuß der Unterwerfung der Tiere verzichten zu müssen.

Wie oft genieße ich, obwohl es mich ärgert, wie Charly sich sträubt oder wie er ausrückt oder wie er Abwege einschlägt. Läuft Charly davon, bin ich sicher, daß er wiederkommen will, treibt es ihn zu heißen Hündinnen, treibt es ihn wieder zurück, trieb es ihn früher nach Stunden wieder zurück, treibt es ihn jetzt schneller wieder zurück. Während die Kinder jetzt immer länger außer Haus sind, ist Charly immer länger im Haus, während die Kinder uns verlassen, verlassen uns die Tiere nicht, während unsere Kinder ihre Beziehung zu uns ändern, ändern unsere Tiere ihre Beziehung zu uns nicht, während wir unsere Ehen ändern, bleibt unsere Beziehung zu unseren Tieren gleich. Während unsere Kinder älter werdend in Beziehung zu uns immer jünger bleiben, werden unsere Tiere älter werdend in

Beziehung zu uns immer älter, immer häufiger muß ich besonders am Hang auf Charly warten, immer länger hat er zu schnüffeln, es scheint mir wie ein Vorwand, um sich auszuruhen. Du warst mal jünger als ich, sage ich zu ihm, jetzt bist du älter als ich, aber zwischen uns hat sich nichts geändert.

Meine Lieben

Wie sollen wir gut und richtig leben? Fast automatisch stellen sich die Antworten ein: flexibel, mobil, offen, entwicklungs-, lern- und leistungsfähig, frei. Es sind die Antworten des modernen Berufs- und öffentlichen Lebens. Sie haben etwas Offizielles, auch Drohendes: Weh dem, der nicht flexibel und frei ist. Aus der Not der Anpassung machen wir die Tugend der freien Wahl zwischen vielen Möglichkeiten.

Ihr Siegeszug scheint unaufhaltsam, auch im privaten Leben. Hat sich die Frage nach dem guten und richtigen Leben in einer Familie nicht längst erübrigt? Zum einen, weil sich, wie man hört, »die« Familie in eine Vielfalt von »privaten Lebensformen« aller Art, vom Single bis zur Kommune, aufgelöst habe. Zum anderen, weil jede und jeder selbst bestimmen solle und müsse, was für sie oder ihn richtig und wichtig ist.

Was war, was ist mir das Wichtigste im Leben? Würde man die Frage so stellen, dann müßte ich den Beruf an erster Stelle nennen – gemessen an der Zeit, Energie und auch Lust, die er, beginnend mit dem Studium, auf sich gezogen hat. Auch Politik hat mich angezogen; als 17jähriger habe ich am Radio und vor dem Spiegel mit heißem Kopf in den kalten Krieg eingegriffen, gegen die Wiederbewaffnung und für die Wiedervereinigung. Aber so sehr mich Wissenschaft und Politik – nicht zu vergessen die »Freizeit«, die erst im letzten Jahrzehnt in den Rang einer eigenständigen gesellschaftlichen Lebenssphäre hineinwuchs – geprägt und gebunden haben, so verdanke ich ihnen, von wenigen Freunden abgesehen, doch keine wirklich wichtigen Bindungen. Die wichtigsten Bindungen in meinem Leben sind die an meine Frau, an meine Kinder, an meine verstorbene Frau – obwohl wir lange getrennt gelebt haben –, an meine Eltern, die längst tot sind, an meine Schwester und ihre Familie und an Charly, meinen alten Hund.

Oft habe ich die mir wichtigsten Menschen hintangestellt, um Dinge zu tun, die ich für wichtiger nahm; manchmal auch wegen Beziehungen, von denen ich sogleich wußte, daß sie mir nicht mehr als eine Episode bedeuteten. Ist dies eine Ironie meines eigenen Lebens oder eine der modernen Gesellschaft? Oder gehört es zu den Widersprüchlichkeiten des sozialen Lebens überhaupt, daß man die Bedeutung von Bindungen nicht andauernd in Taten ausdrücken oder sich gar bewußt machen kann? Ihrem Wert tut das keinen Abbruch. Im Gegenteil, Beziehungen, die zeitweise oder dauerhaft nicht offen sichtlich oder verborgen sind, sind auch geborgen: den Zugriffen und Angriffen der Außenwelt entzogen.

Solange wir Geborgenheit haben, wissen wir nicht, wie wichtig sie ist; wir wissen nicht einmal, daß es sie gibt. Wie gut, wenn wir sie früh, aber nur blitzartig kennenlernen, in der plötzlichen Angst etwa, im Menschengewühl des Kaufhauses die Hand der Mutter zu verlieren. Als Kind, in meinem Bett liegend, nahm ich den Eltern das Versprechen ab, spätestens um zehn Uhr aus dem Kino zurück zu sein; eine spätere Zeit, ein längeres Verlassensein konnte ich mir nicht denken. Wie oft ich um Geborgenheit gebangt habe, weiß ich nicht mehr. Als Heranwachsender, von Neugier, Lust und Ehrgeiz bewegt, konnte ich Geborgenheit vergessen; es gab genug davon, eher zuviel. Aber aus meinen Sehnsüchten verschwand sie nicht. So glücksverheißend wie die Träume von Frauen, Liebe, Familie waren die von Leistungen, Examen, Berufserfolgen nie ... Auch das Unglück verlorener Geborgenheit, Trennung und Tod, erfuhr ich in der Familie, nicht in der Universität, nicht in Arbeitslosigkeit, Krankheit oder Krieg.

Unsere Weltbilder und Theorien spiegeln unsere Erfahrungen. Tanze ich mit meinen Erfahrungen, die von der Familie herkommen und zu ihr hinführen, aus der Reihe? Hat die große Zahl der Menschen heute andere Sorgen und Strebungen als Geborgenheit in einer Familie? Die Ergebnisse der Umfrageforschung geben darauf eine Antwort. In keinem anderen Punkt stimmen die Menschen – ob arm oder reich, gebildet oder ungebildet, jung oder alt – auf lange Sicht so sehr überein wie in bezug auf den Wert der Familie. In den Industrienationen betrachten 80 bis über 90 Prozent die Familie als besonders wichtig; wichtiger als Beruf und Freizeit und sehr viel wichtiger als Politik und Religion. Und auch wenn nach Zufriedenheit und Glück gefragt wird, kann keine andere Institution der Familie und der Partnerschaft das Wasser reichen. Nirgendwo sonst fühlt sich die große Zahl der Menschen zufriedener als in ihren privaten, familialen Beziehungen.

Das gute Leben ist nach wie vor Familienleben. Auch wenn die jungen Leute sagen, daß es heutzutage nicht mehr so wichtig sei, verheiratet zu sein, wenn man Kinder bekommt, so ist das Wunschbild der großen Mehrheit ein und dasselbe: Verlieben, zwei Kinder bekommen, harmonisch zusammenleben – nicht unbedingt, aber lieber doch mit Trauschein – und zusammen alt werden. Das war bei den Eltern und Großeltern nicht anders. Es gibt Konsens und Kontinuität der Wunschvorstellungen über die Generationen hinweg.

Was sich geändert hat, sind Zusatzwünsche, die zu normativen Leitbildern geronnen sind. Daß sich diese individualisiert und ins Unverbindliche verflüchtigt hätten, ist eine Legende. Erstaunlich ist vielmehr, wie weit auch sie, über Milieu- und Kulturgrenzen hinweg, geteilt werden. Heute wollen – fast – alle, junge Männer und Frauen, eine Ausbildung ihrer Wahl und einen interessanten Beruf. Und sie wollen als Paare partnerschaftlich leben: selbstverständlich alle Entscheidungen von gleich zu gleich miteinander treffen und die Arbeit in Beruf, Haushalt und Kindererziehung möglichst gleich verteilen, anders als es die traditionelle Aufgabenteilung zwischen Mann und Frau vorsah.

Sieht man auf die sinkenden Geburten- und steigenden Scheidungsziffern, dann scheint es allerdings immer schwerer zu werden, die Wunschbilder einer lebenslang auf Liebe gegründeten partnerschaftlichen Ehe mit zwei Kindern und gleichartiger beruflicher Erfüllung für beide Partner zu verwirklichen. Was steht dem entgegen?

Es sind nicht nur die Beharrungskräfte des Herkömmlichen, die uns in ihren Fängen halten. Hinter den »alten Rollenmustern und Leitbildern«, die auf die Anklagebank geraten sind, stehen vielmehr Interessenkonflikte, die nicht alt, sondern neu sind: Es geht um die Frage, wer den unangenehmen Teil der familialen

Aufgaben – hauptsächlich die Hausarbeit – erledigt. Auch wenn das Stichwort »Gleichverteilung« eine theoretisch allseits akzeptierte Lösung verheißt, liegt der Teufel im Detail der praktischen Umsetzung: Denn Gleichverteilung bedeutet Umverteilung – in der Regel zu Lasten der Männer. Ihr Einfallsreichtum, sich diesen Lasten mit guten Gründen und in aller subjektiven Unschuld zu entziehen, ist grenzenlos. Ich weiß, wovon ich spreche. Da ist unbedingt noch ein Bericht fertigzuschreiben; heute kann ich leider nicht rechtzeitig zu Hause sein, um die Kinder ins Bett zu bringen. Morgen geht auch nicht; wenn Herr X extra aus Tokio kommt, muß ich doch... Der Streit ist vorprogrammiert. Oder, schlimmer, die stillschweigende Verärgerung und der beginnende Rückzug der Ehefrau, die sich um die gemeinsame Vereinbarung geprellt sieht.

Wäre der Konflikt der Interessen nur einer zwischen Frau und Mann, er ließe sich aushalten – notfalls mit Liebe (der man allerdings auch nicht zu viel zumuten kann). Aber hinter dem Konflikt stehen stärkere Kräfte modernster Art: das Berufssystem mit seinen Höchstleistungsanforderungen einerseits; andererseits die Ethik der Familie mit ihren nicht weniger gebieterischen Postulaten der Gleichheit und der Harmonie. Halbe Sachen und gedrosselte Engagements dulden diese gegensätzlichen Lebenssphären nicht. Im Beruf wird höchste und höchst konkurrenzfähige und zeitraubende Professionalität verlangt: Eine Chirurgin oder Politikerin, ein Astronaut oder Wissenschaftler oder Unternehmensleiter mit Teilzeitjob – nein danke, sagen wir als Patienten, Wahlbürger, Steuerzahler und Kunden. Als Eheleute, Partner und Eltern aber haben sich unsere Ansprüche ebenfalls gesteigert. Fand und blieb man früher aus Sitte, äußeren Zwängen oder Vernunft zusammen, oft eher schlecht denn recht, der Not mehr gehorchend als innigster Zuwendung, so muß es heute Gefühl sein: freie, gleiche, gegenseitige, andauernde und übereinstimmende Liebe, die die Familie begründen und zusammenhalten soll. Ungeschmälerte Hingabe an den Beruf und an die Familie, an die Sache und an die Menschen – das ist das, was heute alle von allen verlangen.

Hinter der Konkurrenz der Lebenssphären und der Leitbilder von Beruf und Familie – von Religion, Politik, Sport, Kunst etc. zu schweigen – mit ihren je gesteigerten Ansprüchen spannt sich ein anderer Konflikt auf. Auch er potenziert sich in der modernen Welt. Es handelt sich um die unaufhebbare Spannung zwischen Individualitäten und Gemeinschaft. Gerade weil der moderne Mensch sich als unverwechselbar und einzigartig empfindet, schwebt ihm das Idealbild einer ebenfalls unverwechselbaren und einzigartigen Ergänzung vor. Die Individualitäten der Partner sollen, idealiter, in der Individualität der Partnerschaft aufgehoben sein. Diese individualistische Vision vom »passenden Gegenstück« – Liebe genannt – macht sich aber selbst zur Illusion: Je mehr die Beteiligten sich als einzigartig verstehen, desto unwahrscheinlicher ist ihr Zusammenpassen.

Die Entdeckung der Individualität brauchte die Familie nicht zu sprengen, gäbe es noch eine Instanz, die diese in Schutz nimmt und jene in Schach hält. Die Machtinstanz könnte von außen kommen, als normsetzende und sanktionierende Staatsgewalt, oder von innen, aus der Vormachtstellung eines Familienmitglieds. Empirisch laufen die Dinge aber in die entgegengesetzte Richtung. Parallel zur Entdeckung der Individualitäten ziehen sich die Mächte, die die Familie zusammenhalten könnten, zurück oder schwächen sich ab: Staat und Kirche überlassen es den Individuen selbst, ob und wie sie ihre Familie stabilisieren oder zerbrechen; im Einklang mit den Wertformeln der individuellen Freiheit und Selbstbestimmung machen sie es denjenigen leichter, die die Familie verlassen wollen, und schwächen die Position derjenigen, die sie erhalten wollen. (Diese Tendenz spiegelt sich deutlich in den Änderungen des Scheidungsrechts wider.) Im Innern der Familie sind die Werte der Gleichberechtigung und der materiellen Unabhängigkeit der Partner an die Stelle der väterlich-männlichen Vormacht getreten. Was unter dem Gesichtspunkt der individuellen Gleichheit ein unbestreitbarer und unwiderruflicher Fortschritt ist, bedeutet für die Ehe eine entscheidende Destabilisierung: Im Konfliktfall kann niemand mehr das Machtwort sprechen, das die Gemeinschaft erhält.

Alle Entwicklungslinien der modernen Gesellschaft scheinen sich verschworen zu haben, um die Familie aus den Angeln zu heben. Nicht nur daß wir ihr die Unterlage handfester kollektiver Zwänge entzogen und sie auf ein Fundament der Gefühle gestellt haben, wie es schwankender nicht sein könnte. Die Liebenden werden auch gegeneinander in einen Interessenkampf um die Verteilung der Aufgaben hineingezogen, der nie so ausgehen kann, wie es als wünschenswert deklariert wird. Denn es sind nicht so sehr die Interessen von Mann und Frau, sondern die normativen Postulate des

Berufssystems und die des Familienlebens, die hier ge-
geneinanderstehen. Ferner soll innerhalb der Familie
das Unvereinbare von Individualität und Liebe verein-
bar gemacht und die Vereinbarung auf Dauer gestellt
werden – und das alles auf der Basis reiner Freiwillig-
keit und Gleichheit, ohne ein Machtwort von außen
oder innen, das die zum Konflikt verdammten Liebenden aus der Entwicklungslogik der Entzweiung erlösen
könnte. Kein Wunder, daß die Zumutung, soviel Konsens für soviel Konflikt zu finden, als Überforderung
erlebt wird, der man sich entzieht: indem man sich
trennt, scheiden läßt oder gar nicht erst heiratet.

Lange Zeit habe ich das Getrenntleben in zwei Häu-
sern nur als ein Scheitern meiner Ehe angesehen. Aber
es war auch der Versuch, Scheitern zu begrenzen, ja
ihm zuvorzukommen. Ist nicht das Panoptikum der
»neuen Lebensformen«, die oft schon den Rang von
Institutionen haben – von der Ehe auf Probe bis zu den
studentischen Wohngemeinschaften mit Inzesttabu –,
nichts anderes als ein riesiges Laboratorium von Vor-
sichts- und Reparaturmaßnahmen gegen Überforde-
rungen des Zusammenlebens?

Obwohl wir damit auf Probleme reagieren, die wir
nicht individuell gemacht haben, müssen wir die jeweiligen Lösungen individuell vertreten. Daß dabei lauter
Einzelfälle entstünden, die nichts mehr gemein hätten
und alle gleich gültig wären, ist aber ein Trugschluß.
Trügerisch ist die Annahme, die Werte und Normen
moderner Gesellschaften verflüchtigten sich ins Beliebige; richtig ist vielmehr, daß die Grundtatbestände des
Zusammenlebens – die Bindung an das Familiäre, die
Gerechtigkeitsvorstellung der Gegenseitigkeit (Rezi-

prozität), die Tabuisierung des Heiligen etc. – von allgemeinster Verbindlichkeit sind und bleiben, mag sich das Rad der Modernisierung so schnell drehen, wie es will. Irreführend ist auch die Vorstellung, diese Grundtatbestände oder Werte seien wählbar; wählbar ist allenfalls die eine oder andere Ausdrucksform, Versagung oder Unterdrückung, zum Beispiel der Liebesbindung, nicht aber diese an sich. Falsch ist schließlich die Annahme, jeder müsse die ihm gemäße Lebensform »individuell« ausprobieren bzw. bestimmen – das kann niemand.

Nicht nur weil wir in Bindungen und Institutionen aufwachsen, die wir nicht selbst gemacht und an denen wir nur teilhaben. Sondern auch, weil die freieste Wahl einer Bindung, die wir als Erwachsene in Liebe und Freundschaft eingehen können, immer genausosehr von dem Geliebten oder der Freundin abhängt wie von uns selbst. Als Wählender bin ich auch Erwählter. Und meine Freiheit zu wählen erzeugt nicht nur die Unfreiheit des anderen, von mir abgewählt, sondern auch meine Unfreiheit, von ihm verlassen zu werden. Wenn ein individueller Schritt in die Freiheit zugleich zwei Unfreiheiten hervorbringt, dann ist die Vorstellung eines Fortschreitens der modernen Gesellschaft zur Individualisierung als Befreiung im Ansatz verfehlt. Der Weg in die Freiheit ist immer auch einer in Unfreiheit, Unsicherheit, Ungeborgenheit.

Diesen Weg zu gehen, zwingt uns die moderne Gesellschaft, wo immer sie Wahlmöglichkeiten schafft und erweitert. Mit den Chancen, aus freien Stücken teilzunehmen und eingebunden zu werden, wachsen die Risiken, entbunden und entlassen zu werden: auf

Märkten und in Unternehmen, in Bildungseinrichtun-
gen, Religionsgemeinschaften, Parlamenten und Parteien, Interessengruppen, Vereinen... Dieser Verlust
an Geborgenheit mag seinen Sinn haben in der Steigerung von Wirtschaftlichkeit, Öffentlichkeit, Kontrolle.
Und er mag verschmerzt werden, solange es Grund-
geborgenheit noch in zwei Institutionen gibt, die uns
nicht verstoßen dürfen, weil wir ihnen durch Herkunft
angehören: Staaten und Familien.

Als Hort der Geborgenheit werden sie um so wichtiger, je mehr diese aus anderen Lebenssphären, allen
voran aus der ökonomischen, vertrieben wird. Dabei
unterschätzen wir die Bedeutung der Herkunftsfamilie, wenn wir sie nur als eine Art Überbleibsel und
Kompensationsinstanz ansehen, in der das ersetzt
wird, was andernorts in der Dynamik des Fortschritts
verlorengeht. Die Geborgenheit in der Herkunftsfamilie ist vielmehr unabdingbare *Voraussetzung* für den
Menschentypus, der diese Dynamik in Gang halten
und in ihren Turbulenzen bestehen kann. So, wie das
Kind sich am freudigsten und sichersten in Neuland
vorwagt, sofern es die Eltern hinter sich und den Rück-
weg offen weiß, so auch der Geschäftsmann oder die
Wissenschaftlerin, die auf ihre Familie bauen können.
(Nicht zuletzt daraus ziehen chinesische und jüdische
Kaufmannskultur in aller Welt ihre Stärke.)

Als ich mich, 25jährig, auf den Weg machte, um ei-
nige Zeit in den USA zu studieren und, was ich zunächst nicht ahnte, zwei Jahre in Afghanistan zu unter-
richten, tat es mir gut, fast täglich nach Hause zu
schreiben. Geborgenheit ist kein Reservat für Kinder
und Zurückbleibende. Wir brauchen sie in jedem Alter,

solange wir vorangehen. Gerade der modernste Sozial-
typus des privaten Lebens, der jugendliche Single, ist
auf die Geborgenheit einer Herkunftsfamilie mehr angewiesen und macht mehr davon Gebrauch, als er sich
träumen läßt. Woher, wenn nicht aus ihr, nimmt er die
Sicherheit, die Anforderungen des Alleinlebens, des
Abenteuerns, der Ausbildung und des Berufs zu bestehen? Und wohin, wenn nicht zu ihr, wendet er sich zurück, um seine Erfolge zu feiern oder seine Wunden zu
lecken, wenn er in der Prüfung oder Probezeit scheitert
oder von der Freundin verlassen wird?

Die Chancen der Geborgenheit stehen in modernen
Familien nicht schlecht. Wohlstand, Gesundheitspflege
und Langlebigkeit sorgen dafür, daß die Solidaritäts-
kette zwischen den Generationen heute länger ist als je
zuvor. Während früher Kinder ihre Eltern oft schon in
jungen Jahren verloren, erleben sie heute ihre Herkunftsbindungen meist bis zu Großeltern und nicht
selten bis zu Urgroßeltern zurück. Und tatsächlich unterstützen sich, allen Unkenrufen von einer wachsenden Generationskluft zum Trotz, Alt und Jung gegenseitig, auch wenn sie nicht eng zusammenwohnen: Die
rüstigen Rentner haben oft Fertigkeiten und Geld zu
bieten, Kinder und Enkel lohnen es ihnen mit Besu-
chen, Zuwendung und Pflege.

Zwei Prozesse sind es, die die Kontinuität von Geborgenheit in modernen Gesellschaften bedrohen: der
Rückgang der Geburtenzahl und der Anstieg der Scheidungen. Welcher Teufel reitet uns, dem durch die eigene
Lebensführung Vorschub zu leisten? Ist es ein blind-
wütiger Individualismus? Oder ist es, im Gegenteil,
Konformität mit gesellschaftlichen Leitbildern, denen

zufolge sich alles steigern, und zwar beschleunigt steigern soll, die Produktivität der Arbeit wie die Gleichheit der Geschlechter, die Harmonie der Liebenden wie
die Freiheit des einzelnen, also die Individualität selbst?

Bei jeder Steigerung bleibt etwas auf der Strecke. In
diesem Fall ist es die Zahl der ungeborenen und die Geborgenheit der geborenen Kinder. Die moderne Welt,
die an Gütern immer reicher wird, wird immer ärmer
an Kindern. Wo keine Kinder mehr geboren werden,
bricht die Geborgenheit eines Elternhauses ab. Die Älteren, die keine Eltern mehr sind, hatten zwar noch eigene Eltern und Geschwister, mit denen sie streiten und
Weihnachten feiern konnten. Weihnachten und Ärger
mit eigenen Kindern gibt es für sie nicht mehr. Die
Sorge, die man für die alten Eltern aufbrachte, erstirbt,
wenn man sie selbst brauchte, in der Kinderlosigkeit.
Diese Analyse darf nicht mißverstanden werden als
Prognose der Trostlosigkeit oder gar als Vorwurf gegenüber Menschen, die keine Kinder haben. Sie können
sehr wohl an den Netzen der Geborgenheiten, aus denen jede Gesellschaft im Innersten besteht und fort-
besteht, teilhaben und mitknüpfen. Dies gelingt desto
leichter, je mehr Freunde und Verwandte mit Kindern
sie haben. Zum Problem wird es, wenn die Armut an
Kindern massenhaft um sich greift und das Netzwerk
der Geborgenheiten immer mehr ausdünnt.

Die eingängige These, daß die zunehmende Zahl der
Scheidungen »die Familie« zerstöre, führt zu nichts –
und ist zudem falsch. Scheidungen können einzelne Familien zerstören, das ist aber selten der Fall; in der Regel verwandeln sie Familien nur, verkleinern oder vergrößern sie – manchmal finden sich Kinder danach mit

zwei Vätern und/oder zwei Müttern und neuen Geschwistern wieder –, oder stärken die Herkunftsfamilien, sofern die Geschiedenen sich schutzsuchend zu Eltern und Geschwistern zurückwenden. »Die Familie« als Institution und Leitbild wird durch Scheidungen eher gekräftigt als geschwächt. Denn wer sich scheiden läßt, bekundet damit weniger, daß er keine Idee von Familie oder diese Idee aufgegeben hätte, sondern vielmehr, daß er sie hochhält – so hoch, daß die eigene individuelle Familie am Familienideal scheitert. Eher wird, in der Scheidung, die reale Ehe dem Ideal der Ehe geopfert, als daß dieses den Niederungen des Familienalltags angepaßt würde. Opfer ist nicht die Familie schlechthin, sondern die *individuelle* Familie, die durch Wahlhandlung begründet und durch Wahlhandlung aufgelöst wird. Zurück bleiben Rudimente der Herkunftsfamilie, die die Handelnden selbst nicht gewählt haben. Was in diesem Prozeß Schaden nimmt, ist nicht die Familie, sondern ihre wichtigste Funktion. Diese Funktion hat mit Geborgenheit zu tun.

Geborgen fühlen wir uns, wenn wir uns durch Einbindung geschützt fühlen: Geborgenheit gibt es nur durch Bindung – eine Bindung, die dauerhaft, also verläßlich ist, und in der nicht alles thematisiert werden muß. Geborgenheit enthält eine unausgesprochene Übereinstimmung, auf die man bauen kann. Je tiefer diese Übereinstimmung, je länger sie in der Zeit zurückgeht, desto vertrauter und verläßlicher ist sie. Geborgensein heißt: Man kann sich darauf verlassen, nicht verlassen zu werden.

Das Ehe-Ideal »... bis daß der Tod uns scheide« trug dem Rechnung. Aber die Rechnung geht nicht mehr

auf – der Preis der Unauflöslichkeit erscheint heute zu
hoch. Seit die Eheschließung ein Akt der Wahl unter
Freien und Gleichen ist, macht die Wahlfreiheit vor der
Auflösung der Ehe nicht halt. Liberale Scheidungs-
gesetze besiegeln nur ein moralisches Tauschgeschäft,
das wir, als Träger kollektiver Moral, längst in unseren
Köpfen vollzogen haben: Geborgenheit geben wir für
Freiheit – in der Hoffnung auf neue Geborgenheit. Das
Rad läßt sich nicht mehr zurückdrehen. Wer heute in
der Ehe noch dauerhafte Geborgenheit sucht, läuft ein
hohes Risiko des Enttäuschtwerdens. Der Partner hat
es in der Hand, ihm die Geborgenheit zu nehmen, die
er als einsichtiger Zeitgenosse von der Ehe eigentlich
nicht mehr erwarten dürfte.

Zwei Menschen, die ihre Bindung auflösen, bringen
sich selbst um Geborgenheit. Sie wissen das und setzen
deshalb alles daran, wenigstens die Bindung zu ihren
Kindern zu erhalten. Den Partner darf man verlassen,
die eigenen Kinder nicht. Scheidungskinder, das ist
heute Konsens auch unter zerstrittenen Eltern, sollen
die Bindung zu beiden, zu Mutter *und* Vater behalten.
Das ist die Leitidee aller gerichtlich und außergericht-
lich ausgeklügelten Besuchsregelungen. Hinter dem
Bemühen, diese so gerecht, verständnisvoll, Interessen
ausgleichend wie möglich zu gestalten, steht, unerkannt, ein gewaltiger soziologischer Kraftakt: die Geborgenheit, die mit dem Scheitern der Gattenbindung
verloren ist, in der Bindung zwischen Eltern und Kindern zu retten. Die Kind-Eltern-Bindung, manchmal
die Kind-Mutter-Bindung allein, soll die ganze Bürde
der Geborgenheit tragen, die ansonsten in einer Vielfalt
von verflochtenen Bindungen enthalten ist.

In einer Familie von vier Köpfen etwa gibt es ja nicht nur je *einzelne* Bindungen zwischen Mutter und Tochter, Sohn und Mutter, Sohn und Vater, Mutter und Vater; dieselben Bindungen sind zugleich die zwischen Mann und Frau, Bruder und Bruder, Schwester und Bruder; und es sind Bindungen und wechselnde Koalitionen von drei gegen einen und von zwei gegen zwei; in erster Linie aber sind es Bindungen der ganzen Familienbande gegen Verwandtschaft, Lehrer, Arbeitgeber, Behörden, den Rest der Welt. All dies wiederum untereinander verknüpft, an gemeinsame Orte und Räume, Aktivitäten und Geschichten, Gerüche und Gefühle gebunden, läßt erahnen, wieviel Geborgenheit in einer ganz gemeinen – also auch Disharmonie, Streit, ja Gewalt enthaltenden – Familie verborgen ist. Bei einer Scheidung auch der verständnisvollsten Art können bestenfalls Teilstücke davon konserviert werden. Der Versuch dazu macht den Gesamtverlust nur um so schmerzlicher spürbar.

Oft hört man, daß streitende Eltern für Kinder doch viel schlimmer seien als geschiedene Eltern. Aber der Streit an sich gehört zu den Normalitäten des Alltags. Eher symbolisiert er Geborgenheit, als sie zu kosten. Federico Fellini hat in seinem wunderbaren Film *Amarcord* dem Streit seiner Eltern ein Denkmal gesetzt. Nicht daß die Eltern sich streiten, macht Kindern angst (außer in extremen Fällen), sondern daß hinter dem Streit heutzutage das Gespenst der Trennung droht. Da Kinder sich mit beiden Eltern in eins setzen, zertrennt die Trennung die kindliche Identität. Aber immerhin liefert Zerstrittenheit einen plausiblen Grund für Trennung. Trennen sich die Eltern dagegen

im besten Einvernehmen, durchschauen entweder die
Kinder den Konsens als falsch, oder die Trennung wird
undurchschaubar und besonders bedrohlich: Wieso
können sich die Eltern nur darauf einigen, den tiefsten
Wünschen der Kinder entgegenzuhandeln? Scheidung
im Konsens schafft mehr Zerrissenheit als Streit der
Zusammenlebenden.

Der frühe Tod von Eltern, den Kinder in modernen
Gesellschaften gottlob nur noch selten erleben, bedeutet einen unwiederbringlichen Verlust an Geborgenheit. Ein größeres Unglück läßt sich kaum denken.
Aber es bleibt ein *Unglück*. Auch weiterhin können
sich die Überlebenden mit dem Verstorbenen bruchlos
in eins setzen, ihn in die Identität der Familie, diese
sogar bestärkend, miteinbeziehen. Bei einer Scheidung
ist dies kaum möglich. Nicht durch ein Unglück, Na-
turkräfte, höhere Mächte oder Gottes Willen wird den
Kindern Geborgenheit genommen, sondern durch den
Willensakt von Menschen, und zwar von denjenigen,
die sie am meisten lieben. Könnten die Kinder ihren Eltern die Schuld daran geben, wäre es einfacher. Aber sie
können es nicht. Je liebevoller sie sich mit den Eltern
gleichsetzen, desto mehr übernehmen sie auch deren
Schuld. Und dieselbe soziologische Intuition, die ihnen
sagt, daß im Wechselspiel der familialen Beziehungen
die Schuld an der Trennung nicht Vater oder Mutter allein trifft – auch wenn der eine oder die andere den entscheidenden Schritt macht und damit nach außen die
Bürde der Verantwortung auf sich nimmt –, gibt ihnen
ein, daß sie, an der Familie teilhabend, auch an der
Schuld der Trennung teilhaben. Sie erleben die tiefe Paradoxie des modernen Entscheidungsindividualismus:

Während Eltern und Schulen den Wert der Freiheit mit
Worten lehren, versetzen dieselben Eltern, mit ihren
Taten, die eigenen Kinder in den Stand der Unfreiheit
und Ohnmacht. Das Schuldgefühl der unschuldigen
Kinder, das ihnen die dafür verantwortlichen Schei-
dungseltern als »irrational« wegtherapieren lassen wollen, ist in Wirklichkeit ein rationaler Versuch, ein Stück
Eigenverantwortung, wenigstens als Mitschuld, zu-
rückzugewinnen.

Unter den in modernen Gesellschaften neuentste-
henden Ungleichheiten ist vielleicht diejenige zwischen
Kindern aus geschiedenen und ungeschiedenen, wenn
auch spannungsgeladenen, Familien die am wenigsten
beabsichtigte und deshalb auch am wenigsten themati-
sierte. Auch die »nichtauffälligen« Scheidungskinder
haben ein unbewußtes Erbe der Entborgenheit, Zerrissenheit und Ohnmacht angetreten. Ohne es zu wollen,
wenn auch nicht zwangsläufig, geben sie dieses Erbe
weiter und mehren es: Wie unter einer geheimen Macht
der Identifikation wiederholen sie, überdurchschnitt-
lich oft, die Muster der Trennung, die sie leidvoll von
ihren Eltern gelernt haben und abschütteln wollen.

Vieles spricht dagegen, die Folgen von Trennung
und Scheidung zu dramatisieren: Kinder verkraften
manches; sie sind auch als Erwachsene nicht davor gefeit, verlassen zu werden; sie suchen sich aktiv Geborgenheit, manchmal dort, wo es nicht vermutet wird; je
mehr sie, bei steigender Scheidungszahl, ihr Los mit anderen teilen, desto näher liegt ihnen der Trost der Normalität: »geteiltes Leid, halbes Leid«; und schließlich
zeigt ihnen ihr prüfender Blick auf ungeschiedene Familien, daß auch dort Geborgenheit kein Zucker-

schlecken ist. Allerdings haben alle diese Beobachtun-
gen weniger den Status von Forschungsergebnissen als
den Beigeschmack von Rechtfertigungsargumenten,
besonders aus dem Mund derjenigen, die eigene Entscheidungen oder die Präferenzen ihres Milieus verteidigen, koste es, was es wolle.

Unabhängig davon gibt es, in meinen Augen, ein
sehr ernstzunehmendes Argument dafür, die Prozesse
der Entbergung, die das moderne Scheidungsleben in
Gang setzt, eher unter dem Schleier des Geborgenen zu
lassen, statt sie in aller Ausführlichkeit und Klarheit
aufzudecken: Den Betroffenen selbst braucht man
nicht in analytischer Schärfe vor Augen zu halten, was
sie intuitiv spüren, aber nicht mehr ändern können.
Was man nicht ändern kann, trägt man besser mit Ge-
lassenheit, als ihm auf den Grund zu gehen.

Aber kann man es wirklich nicht ändern? Wenigstens den nachfolgenden Generationen und eigenen
Kindern möchte ich manchmal zurufen: Ihr habt doch
eure Entscheidungsfreiheit als Individuen. Also nützt
sie auch. Macht endlich Schluß mit der unglücklichen
Weitergabe von Trennung und Verlassenwerden an
eure Kinder, macht es besser als eure Eltern, rauft euch
zusammen, arrangiert euch, laßt ab von eurem Paar-
Perfektionismus!

Kaum ist der Aufruf, in Gedanken, heraus, bleibt er
mir schon im Halse stecken. Nicht nur, daß jeder Rat
von Alten an Junge für diese zu früh kommt. Nicht nur,
daß ich selbst, wäre ich jünger, ihm vielleicht nicht folgen könnte. Nicht, daß ich mich der Hau-Ruck-Päd-
agogik schämen würde; sie hat dem verständnisvollen
Nicken und Bedauern wenigstens die wütende Klarheit

voraus. Aber der Appell selbst beruht auf einer Unklar-
heit: Es liegt nicht allein in der Macht und Schuld des
einzelnen, und auch nicht der beiden, wenn sie die aus-
einanderstrebenden Kräfte der modernen Gesellschaft
in ihrer Liebe nicht bändigen können. Neben der De-
vise »Ihr schafft es!« darf deshalb die andere »Manchmal klappt es nicht. Es ist trotzdem den Versuch wert.
Auch im Scheitern liegen Chancen!« nicht fehlen. Die
Schuld des Scheiterns, die ja ihren Sinn hat, verteilt sich
ohnehin – und es bleibt immer unentschieden, wie sie
sich verteilt: auf das eine oder andere Individuum, auf
das Kollektiv der beiden, auf die kollektiven Leitbilder
und Zwänge hinter ihnen. Vor diesem schwer durch-
schaubaren Hintergrund wird eine Ehe oder Partnerschaft heute aufgekündigt. Wer diesen Schritt tut, leidet
selbst vielleicht am meisten darunter. Es geschieht, obwohl die beiden sich lieben oder geliebt haben.

Wie kommt es dazu, daß die Übereinstimmung nicht
mehr trägt? Die Beteiligten selbst erklären es in der Regel durch ihre eigene Individualität oder die des anderen: Man habe ein falsches Bild vom Partner gehabt,
dieser habe sich in eine andere Richtung entwickelt als
man selbst, man habe sich auseinanderentwickelt.
Diese Selbstdeutung – man hört sie besonders häufig
von Frauen – bleibt ganz der individuellen Perspektive
verhaftet. Richtet man den Blick dagegen auf die Bindung des Paares, dann zeigt sich, daß sich nicht die Individuen ändern, sondern die Art ihrer Verbindung.
Die erste Verliebtheit blendet – und blendet das Stö-
rende und Störrische der Individualitäten aus. Sie weitet unsere Augen und verengt unseren Blick. »Liebe
macht blind«, weiß der Volksmund. Das ändert sich im

Lauf der Zeit. In dem Maße, in dem Nähe und Geborgenheit wachsen, wächst, paradoxerweise, auch die
Einsicht in das individuell Trennende. Was den Liebenden als Eigenschaften oder Änderungen ihrer Personen
erscheint, ist in Wirklichkeit eine von der Zeit diktierte
Veränderung ihrer Bindung. Die Bindung wird genausowenig besser oder schlechter wie die Personen. Sie
verwandelt sich von einer leidenschaftlich-roman-
tischen in eine familiäre. Der Prozeß des Vertrautwer-
dens bringt nicht nur Geborgenheit, sondern, durch die
Erkenntnis der Individualität des anderen, auch Entfremdung hervor.

Dies anzuerkennen fällt schwer. Wird es von einem
Partner akzeptiert, aber nicht vom anderen, fehlt die
nötige Übereinstimmung. Aber auch wenn beide sich
einig sind, sichert das nicht den Bestand der Partnerschaft. Die Enttäuschung über den Verlust der romantischen Liebe mag für beide zu groß sein. Wieder-
belebungsversuche mit demselben Partner – die
Ratgeberbücher empfehlen Kerzen ans Bett, Champa-
gnerwochenende, Kommunikationstraining etc. – sind
von zweifelhaftem Wert. Abenteuer und Liebschaften
– ob heimlich oder nach dem vereinbarten Konzept der
»offenen Ehe« – lassen sich nicht synchronisieren, sind
für den zurückgestellten Partner oft unerträglich und
zwingen ihm manchmal einen Schritt zur Trennung
auf, die keiner der Beteiligten will. Eine Neuauflage des
Romantikprogramms mit neuem Partner opfert eine
Geborgenheit, die kaum zu ersetzen ist – und unterliegt
doch auch dem Gesetz der Verwandlung von romantischer in familiäre Liebe.

Wer ein Rezept zu verkaufen hätte, um dieses Gesetz

außer Kraft zu setzen, wäre ein gemachter Mann. Die romantische in der familiären Liebe auf Dauer zu stellen, scheint einfach zuviel verlangt. Aber genau das ist es, was wir als Liebende und Liebe Suchende wollen. Genau das ist das Leitbild der Liebesehe, das aus der zeitgenössischen Gesellschaft nicht mehr wegzudenken ist. Die Dynamik der modernen Gesellschaft steigert und übersteigert nicht nur materielle und moralische Ansprüche, sondern auch die der Gefühle.

Können wir dagegen angehen? Ein Ratschlag an die Gesellschaft als ganze würde in kritischer Unverbindlichkeit verpuffen. Er muß sich an die Individuen wenden, nicht zuletzt an die Jüngeren, die ihr Glück suchen und dabei doch mehr retten können als die eigene Haut. Drei Wege stehen allen offen: Rücknahme überzogener Ansprüche; Entschiedenheit zur Partnerschaft; und die Einsicht, daß das Individuum in Liebe und Familie nichts selbst, aber – fast – alles mitbestimmt.

Rücknahme von Ansprüchen: Heißt das, daß wir ohne unsere Liebesleitbilder auskommen müssen? Wenn wir es wollten, wir könnten es nicht. Mit der Sehnsucht nach leidenschaftlicher Liebe und beständiger harmonischer Bindung werden auch die künftigen Generationen leben – in völliger Übereinstimmung mit sich selbst. Aber auch ihnen wird eine zusätzliche Erfahrung nicht erspart bleiben: Andere Wünsche, eigene und fremde, stehen dem Wunsch nach Liebe entgegen. Selbst im Einklang der Wünsche bilden sich Widersprüche. Die Erfüllung der Wünsche, mit denen wir aufbrechen, ist deshalb unerreichbar. Das gute Leben besteht nicht in der Erfüllung, sondern in der Annäherung von Wünschen und Wirklichkeit. Nicht bei dem

Wunsch nach Liebe selbst, sondern bei der Wunscher-
füllung müssen wir uns bescheiden.

Dies geschieht in einem langwierigen Prozeß des Ir-
rens und Korrigierens, als Gemeinschaftsarbeit. Es läßt
sich nicht in einem intellektuellen Handstreich, noch
dazu einseitig, vorwegnehmen, indem wir unsere Wünsche kappen. Ich erinnere mich an einen Spaziergang
im winterlichen Kottenforst, bei dem ich meiner ersten
Frau, vor der Ehe, die Ehe schmackhaft zu machen versuchte, indem ich für radikale Nüchternheit von Anfang an plädierte, um uns vor späteren Enttäuschungen
zu schützen. Von der Enttäuschung durch dieses Ge-
spräch hat sich unsere Ehe möglicherweise nie erholt.
Die Phase der romantischen Liebe läßt sich weder
durch individuelle Vorkehrungen noch durch einen
Generalangriff auf das kollektive Leitbild aussparen.
Verliebtsein legt nicht nur den Grund für die Ehe, es
stabilisiert sie sogar, wenn es vergeht. Denn die Trauer
darüber wird meist aufgewogen durch das dankbare
Erinnern an das Verliebtgewesensein. Wie Nationen
oder Unternehmen leben auch Familien nicht nur aus
gemeinsamen Aufgaben, Herausforderungen und Gefühlen, sondern auch aus einer gemeinsamen Gefühls-
geschichte. Nicht das Vergehen der romantischen
Liebe macht dem Paar den Garaus, sondern nur das
Festhalten an der Erwartung, daß sie nie vergehe.

Gefährlicher für den Bestand der Familie als das
Festhalten an hohen Leitbildern ist das Festhalten an
den oft unbewußten individuellen Ansprüchen, die an
die Liebe gestellt werden. Sei es, daß man in ihr eine Zu-
gabe zur eigenen Individualität sucht. Sei es, daß sie von
dieser Individualität, zumindest von ihren unglück-

lichen Zügen, erlösen soll. »Mach nicht deinen Partner
verantwortlich, wenn du unglücklich bist!« ist ein Rat
gegen Erlösungsfantasien. Besser wird er durch die
Ergänzung: »Wenn dein Partner unglücklich ist, such
die Verantwortung dafür bei dir – und ändere etwas.
Rechtzeitig!«

Das ist leichter gesagt als getan. Anzeichen des Un-
glücklichseins: Wir neigen dazu, sie zu übersehen. Bit-
ten um Abhilfe: Wir geloben Besserung. Oft bleibt es
beim Lippendienst. Selbstbezogene Gewohnheiten haben ihre eigene Beharrungskraft.

Diese oder jene Gewohnheit, diese Selbstbezogenheit, jene Bequemlichkeit – sind sie wirklich der Grund
dafür, daß eine Familie nicht zusammenbleibt? Oder
werden sie, vom Partner, nur als Zeichen dafür gedeu-
tet, daß es an der Entschiedenheit zur Partnerschaft
mangelt, die auch die Grundlage der gegenseitigen Geborgenheit ist? Oft habe ich mich gefragt, ob ich es an
dieser Entschiedenheit nicht habe fehlen lassen. War
ich wirklich entschieden, die Ehe zu erhalten? Entschieden genug, um auf etwas zu verzichten, um eine
Anstrengung zu machen? Immer stehen Antworten
bereit, die schnelle Erleichterung verschaffen: *Sie* hätte
sich ja auch mehr anstrengen können. Eine ständige
Anstrengung zur Selbstveränderung tut nicht gut. Man
muß auch ohne Anstrengung zusammenpassen, sonst
paßt man nicht zusammen. Wenn es nicht geht, dann
muß man sich eben trennen. Dafür gibt es ja die Scheidung. Das ist doch heute normal. Man muß auch loslas-
sen können. Reisende soll man nicht aufhalten. Nichts
dauert ewig.

Gegen die Sirenengesänge der Scheidung ist kein

Kraut gewachsen. Es sei denn Entschiedenheit. Als individuelle Anstrengung widerspricht sie allerdings unserer romantischen Vorstellung von Liebe, die ebenso
schwerelos wie schicksalhaft vorentschieden über uns
kommen soll. Der oder die Entschiedene muß sich also
zum Sachwalter dieser Vorentschiedenheit machen.
Ohne starke Elemente des Glaubens an die Liebe an
sich und an gerade diese bestimmte, individuelle Liebe
ist dies kaum denkbar. Woher das alles kommt – wer
will das wissen? Zu Beginn mag die Entschiedenheit
zur Liebe von Leidenschaft getragen werden, später
von Geborgenheit.

Auch die Entschiedenheit zur Liebe muß im Grunde
eine geteilte sein. Aber sie braucht nicht gleich verteilt
zu sein. Ein Partner kann mit seiner Entschiedenheit
das Paar eine Zeitlang fast alleine tragen. Er wertet damit die Bindung auf, ebenso sich selbst, besonders aber
den Unentschiedenen. Darin liegt die Kraft der Entschiedenheit. Sie kann den Zweifelnden überzeugen.
Sie hat die Chance, sich ihre eigene Hoffnung zu erfüllen.

Liebe als Schicksal gibt es erst neuerdings; früher, als
die Menschen ihr Schicksal in Gottes Hand sahen, wurden gerade Liebe und Ehe nicht dem Schicksal überlassen, sondern vernünftig geplant. Während andere
Götter ihre bestimmende Macht einbüßen, scheint der
Gott der Liebe der einzige Gott zu sein, dem der moderne Mensch sein Recht zur Selbstbestimmung bereit-
willig abtritt. Und in der Tat: Die Anstrengung selbst,
erst recht die nur einseitige, raubt dem Liebenden die
Leichtigkeit und macht ihn nicht selten lächerlich und
schwach.

Gleichwohl, die Schwerelosigkeit des Beginns, die nicht nur ein kurzes, sondern ein seltenes Glück ist, auf das viele vergeblich warten, gelangt über den Flirt kaum hinaus, wenn ihr nicht eine Entschiedenheit sowohl des Zupackens wie der Hingabe unterliegt. Je mehr die Liebe den Schmelz der Leidenschaft einbüßt, desto mehr ist sie auf Entscheidung angewiesen.

Wie es in der Liebe zuwenig Entschiedenheit geben kann, so kann es auch zuviel geben, besonders wenn sie als ein Gestaltungswille auftritt, der sich als nur individueller und nicht als wechselseitiger begreift. Am Willen zur Durchsetzung können gerade die engsten Bindungen zerspringen. Sie leben in besonderem Maße von Gegenseitigkeit – nicht zu verwechseln mit Machtgleichheit oder Harmonie. Die Einsicht in die Gegenseitigkeit einer Bindung ist vielmehr eine höchst unangenehme: Gegenseitigkeit bedeutet, daß jede Bewegung, jede Anstrengung im Paar oder in der Familie nicht von einer Seite allein bestimmt, sondern immer erwidert, also von anderer Seite mitbestimmt wird. Das Ergebnis ist deshalb ein anderes als das individuell erstrebte. Das trifft sogar zu, wenn die Ziele und Anstrengungen, um die es geht, gemeinsame sind; auch aus der »Zusammenfassung der Kräfte« ergeben sich Folgen, die in gemeinsamen Zielen nicht vorgesehen sind.

Die populäre Forderung nach Rücksicht auf den anderen bekommt dadurch eine ungewöhnliche Begründung. Wir schulden dem Partner nicht nur Anerkennung für die Gemeinsamkeit des Strebens und Verständnis für solche Züge seiner Individualität, die sich der Gemeinsamkeit entziehen und sich in ihr neu ent-

wickeln, sondern letztlich dafür, daß wir gemeinsam etwas hervorbringen, das wir nicht vorgesehen haben.
Die Partnerschaft selbst, auch ohne Kinder, ist wie ein
Kind, von dem wir nie wissen können, wie es gerät. Als
Gemeinschaft der Unwissenden, Staunenden und
durch die gemeinsame Anstrengung immer Düpierten
gewinnt das Paar, vielleicht, die Solidarität, die es auf
dem Weg gemeinsamer Glückssuche verliert.

Die Voraussicht, daß die eigene Partnerschaft anders
verlaufen wird, als vorausgesehen, ist keine Unglücks-
botschaft. Denn das Resultat unterscheidet sich nicht
nur von den eigenen Zukunftsentwürfen, sondern auch
von den Mustern der Vergangenheit. Wir haben keine
Gewähr, daß die eigene Ehe so gut oder so schlecht sein
wird wie die der Eltern. Wiederholungszwang, den es ja
gibt, ist doch weniger zwingend, wenn wir uns vor Augen halten, daß die Karten für jedes Paar neu gemischt
werden – nicht nur durch eigene Vorgeschichten, sondern auch durch eigene Entscheidungen, deren Ergebnisse aber nicht mehr individuell eigene, sondern un-
vorhergesehen gemeinsame sind.

Zwar sind der Wirksamkeit eigener Entscheidungen
in der Liebe und im Familienleben Grenzen gesetzt:
Wir entscheiden nicht individuell, ob und wen wir lieben. Wir entscheiden nicht individuell, ob und wen wir
heiraten. Wir entscheiden nicht individuell, ob und wie
viele Kinder wir bekommen (obwohl sich Frauen diese
Entscheidungsmacht heute im Alltagsleben eher nehmen können als Männer). Wir entscheiden nicht individuell, ob wir zusammenbleiben. Auch wenn wir all dies
zu zweit entschieden haben, entscheiden wir nicht darüber, ob wir glücklich werden. Erst recht entscheiden

wir nicht über die gesellschaftlichen Ansprüche, Normen und Zwänge, die hinter unseren Entscheidungen stehen. Und wir entscheiden nicht darüber, wie andere Liebende entscheiden, wie also »die Gesellschaft« mehrheitlich aussieht.

Angesichts so vieler Dinge und Entwicklungen, die sich der eigenen Macht und Gewißheit entziehen, gehört es zur Lebensklugheit, Liebe und Familie als »ein Geschenk auf Zeit« aufzufassen. Der junge Vater, von dem ich diese Formulierung gehört habe, brachte damit einen Schicksalsglauben zum Ausdruck, der durch und durch modern ist – beruht er doch auf der Einsicht, daß gerade heute, im Zeichen der Entscheidungsfreiheit für alle, das Ergebnis für den einzelnen, für seine Partnerschaft und für seine Familie immer weniger selbst entscheidbar wird.

Auch ein Geschenk stellt uns in einen verpflichtenden sozialen Zusammenhang, es anzunehmen, zu danken, zu erwidern oder weiterzugeben. Alles, was wir nicht individuell entscheiden, entscheidet sich doch nicht, ohne daß wir mitentscheiden: Wir entscheiden mit, ob aus Verliebtheit eine dauerhafte Partnerschaft, aus der Partnerschaft eine Familie, aus der (Familien-) Entscheidung eine Scheidung wird. Wir entscheiden mit, ob wir Geborgenheit von unserem Partner nur nehmen oder auch ihm geben. Wir entscheiden mit, ob wir Geborgenheit von unseren Eltern nur genommen haben oder ob wir sie als Eltern weitergeben. Wir entscheiden mit, ob wir unseren Kindern Geborgenheit geben oder sie ihnen nehmen. Wir entscheiden mit, ob wir von unseren Kindern Geborgenheit annehmen. Wir entscheiden über die innerste Geborgenheit in der

Gesellschaft mit. Wir entscheiden darüber, ob wir, im
unauflöslichen Widerstreit der Werte, diese Geborgenheit auf dem Altar von Freiheit, Flexibilität, Selbstentfaltung, Leistung, Chancengleichheit, Gerechtigkeit
und Wohlstand opfern. Obwohl für die Gesellschaft im
großen unsere Mitentscheidung nur von kleinster Wirkung ist, ist ihre Wirkung für den kleinen Kreis unseres
privaten Lebens groß.

Entschiedenheit und die gelassene Hinnahme von
Dingen, die sich gegen den eigenen Willen entscheiden,
sind die Tugenden, zwischen denen uns eine ständige
Gratwanderung aufgegeben ist. Respekt und Verständnis für diejenigen, die mit und eventuell anders entscheiden, ist unabdingbar, will man im Ergebnis gemeinsamer Entscheidung doch noch etwas Eigenes
wiedererkennen. Ohne die Fähigkeit, miteinander zu
reden und eine Einigung zu erzielen, geht es kaum. Zu
glauben, daß sich das Zusammenleben in der Liebe aber
allein auf dem Verhandlungswege durch kommunika-
tives Geschick regeln lasse, ist ein Fehlschluß. Denn die
Unterschiede zwischen den Partnern werden um so
mehr sichtbar – oder verdrängt –, je länger verhandelt
wird. Es muß da schon eine Gemeinsamkeit geben, die
allen Verhandlungen unterliegt und nicht verhandelbar
ist. Daß dieser tiefste Grund des Zusammenlebens – ob
als Übereinstimmung der Willen, des Wissens oder der
Gefühle – argumentativ nicht herstellbar, aber auch
nicht zerstörbar ist, läßt hoffen.

Drucknachweise

Die hier veröffentlichten und überarbeiteten Texte wurden vorab, meist gekürzt in folgenden Publikationen gedruckt:

»Liebe in den Zeiten der Weltgesellschaft«: Erstveröffentlichung unter dem Titel »Missionarinnen im Kampf der Kulturen« in: *Frankfurter Allgemeine Zeitung*, 25. 9. 2003, S. 9.

»Paare«: Erstveröffentlichung unter dem Titel »Wie werden wir die sozialen Zwänge los? – Zur Dialektik von Kollektivisierung und Individualisierung« in: *Merkur*, Heft 577, 1997, S. 283-292.

»Alt und Jung«: Erstveröffentlichung unter dem Titel »Gesellschaft ohne Jugend«. Vortrag vor dem Deutschen Jugendinstitut, München, 1. 12. 1998, in: *Diskurs* 1, 1999, S. 78-87.

»Familie«: Erstveröffentlichung unter dem Titel »Von Generation zu Generation wird die Liebe weniger. Die Gesellschaft hat Angst vor Unfruchtbarkeit und Kinderarmut, aber traut sich nicht, darüber zu reden. Stattdessen lenkt sie ihre Ängste auf die Homosexuellenehe« in: *Der Tagesspiegel*, 2. 9. 2000, S. 29.

»Fremdenliebe«: Erstveröffentlichung unter dem Titel »Die Stärke der schwachen Bindungen« in: *Kunst & Kultur. Kulturpolitische Zeitschrift der IG-Medien*, Mai/Juni 2000, S. III-VI.

»Diana«: Erstveröffentlichung unter dem Titel »Die Fähigkeit zu trauern. Diana und das Charisma. Eine Nachbetrachtung« in: *Frankfurter Allgemeine Zeitung*, 18. 10. 1997.

»Charly«: Erstveröffentlichung unter dem Titel »Soziale Beziehungen« in: *Merkur*, Heft 580, 1997, S. 626-631.

»Meine Lieben«: Erstveröffentlichung unter dem Titel »Geborgen in der Zukunft? Überlegungen zu Partnerschaft und Familie« in: *Neue Zürcher Zeitung*, 24. 12. 1999.

- Über das Fernsehen. Übersetzt von Achim Russer.
  es 2054. 140 Seiten

Norbert Elias über sich selbst. A. J. Heerma van Voss und A. van Stolk, Biographisches Interview mit Norbert Elias. Norbert Elias, Notizen zum Lebenslauf. Übersetzt von Michael Schröter. es 3329. 199 Seiten

Wolfgang Fach. Die Regierung der Freiheit. es 2334. 234 Seiten

Anthony Giddens. Entfesselte Welt. Wie Globalisierung unser Leben verändert. Übersetzt von Frank Jakubzik.
es 2200. 116 Seiten

Wilhelm Heitmeyer (Hg.)
- Deutsche Zustände. Folge 1. Herausgegeben von Wilhelm Heitmeyer. es 2290. 304 Seiten
- Deutsche Zustände. Folge 2. es 2332. 320 Seiten

Wilhelm Heitmeyer/Hans-Georg Soeffner (Hg.) Gewalt. Neue Entwicklungen und alte Analyseprobleme.
es 2246. 560 Seiten

Wolfgang Hoffmann-Riem
- Kriminalpolitik ist Gesellschaftspolitik. es 2154. 232 Seiten
- Modernisierung von Recht und Justiz. Eine Herausforderung des Gewährleistungsstaates. es 2188. 364 Seiten

Barbara Holland-Cunz. Die alte neue Frauenfrage.
es 2335. 309 Seiten

Karl Otto Hondrich
- Enthüllung und Entrüstung. Eine Phänomenologie des politischen Skandals. es 2270. 166 Seiten
- Liebe in Zeiten der Weltgesellschaft. es 2313. 176 Seiten

- Die Frage der sozialen Ungleichheit. Übersetzt von
  Michael Adrian und Bettina Engels.
  200 Seiten. Kartoniert
- Jenseits von Links und Rechts. Die Zukunft radikaler
  Demokratie. Übersetzt von Joachim Schulte.
  340 Seiten. Broschur

André Gorz. Arbeit zwischen Misere und Utopie. Herausgegeben von Ulrich Beck. Übersetzt von Jadja Wolf.
208 Seiten. Broschur

Mary Kaldor. Neue und alte Kriege. Organisierte Gewalt
im Zeitalter der Globalisierung. Übersetzt von Michael
Adrian. 279 Seiten. Kartoniert

Bruno Latour. Das Parlament der Dinge. Für eine politische Ökologie. Übersetzt von Gustav Roßler.
365 Seiten. Broschur

Mario Vargas Llosa. Nationalismus als neue Bedrohung.
Übersetzt von Bettina Engels. 150 Seiten. Kartoniert

NF 344/2/2.04

Zivilisationstheorie
im Suhrkamp Verlag
Eine Auswahl

Norbert Elias

- Engagement und Distanzierung. Arbeiten zur Wissensso-
  ziologie I. Herausgegeben und übersetzt von Michael
  Schröter. stw 651. 272 Seiten
- Die Gesellschaft der Individuen. Herausgegeben von
  Michael Schröter. stw 974. 316 Seiten
- Die höfische Gesellschaft. Untersuchungen zur Soziologie
  des Königtums und der höfischen Aristokratie. Mit einer
  Einleitung: Soziologie und Geschichtswissenschaft.
  552 Seiten. Leinen. stw 423. 456 Seiten
- Humana conditio / Über die Einsamkeit der Sterbenden
  in unseren Tagen. 264 Seiten. Leinen
- Los der Menschen. Gedichte / Nachdichtungen.
  98 Seiten. Leinen
- Mozart. Zur Soziologie eines Genies. Herausgegeben von
  Michael Schröter. st 2189. 187 Seiten
- Studien über die Deutschen. Machtkämpfe und Habitus-
  entwicklung im 19. und 20. Jahrhundert. Herausgegeben
  von Michael Schröter. stw 1008. 555 Seiten
- Über den Prozeß der Zivilisation. Soziogenetische und psy-
  chogenetische Untersuchungen. Zwei Bände in Kassette.
  826 Seiten
  Erster Band: Wandlungen des Verhaltens in den weltlichen
  Oberschichten des Abendlandes. stw 158. 334 Seiten
  Zweiter Band: Wandlungen der Gesellschaft. Entwurf zu
  einer Theorie der Zivilisation. stw 159. 492 Seiten
  Die Bände sind auch einzeln erhältlich.
- Über die Einsamkeit der Sterbenden in unseren Tagen
  BS 772. 100 Seiten
- Über die Zeit. Arbeiten zur Wissenssoziologie II. Aus dem
  Englischen von Holger Fliessbach und Michael Schröter.
  stw 756. 198 Seiten

- Über sich selbst. A. J. Heerma van Voss und A. van Stolk, Biographisches Interview mit Norbert Elias. Norbert Elias, Notizen zum Lebenslauf. Das biographische Interview wurde von Michael Schröter übersetzt. es 1590. 199 Seiten

Norbert Elias/Eric Dunning. Sport und Spannung im Prozeß der Zivilisation. Übersetzt von Detlef Bremecke, Wilhelm Hopf und Reinhardt Peter Nippert. Bearbeitet von Reinhard Blomert. 532 Seiten. Leinen

Norbert Elias/John L. Scotson. Etablierte und Außenseiter. Übersetzt von Michael Schröter. Leinen und st 1882. 315 Seiten

Zu Norbert Elias

Gesellschaftliche Prozesse und individuelle Praxis. Bochumer Vorlesungen zu Norbert Elias' Zivilisationstheorie. Herausgegeben von Hermann Korte. stw 894. 280 Seiten

Soziologie und Systemtheorie
im Suhrkamp Verlag
Eine Auswahl

Dirk Baecker
- Die Form des Unternehmens. stw 1453. 288 Seiten
- Information und Risiko in der Marktwirtschaft.
  382 Seiten. Gebunden
- Organisation und Management. stw 1614. 348 Seiten
- Organisation als System. stw 1434. 384 Seiten
- Womit handeln Banken? Eine Untersuchung zur Risikover-
  arbeitung in der Wirtschaft. stw 946. 207 Seiten

Claudio Baraldi/Giancarlo Corsi/Elena Esposito. GLU.
Glossar zu Niklas Luhmanns Theorie sozialer Systeme.
stw 1226. 248 Seiten

Karl-Heinrich Bette. Systemtheorie und Sport.
stw 1399. 307 Seiten

Elena Esposito. Soziales Vergessen. Formen und Medien des
Gedächtnisses der Gesellschaft. stw 1557. 419 Seiten

Peter Fuchs
- Die Erreichbarkeit der Gesellschaft. Zur Konstruktion und
  Imagination gesellschaftlicher Einheit. 291 Seiten. Gebunden
- Intervention und Erfahrung. stw 1427. 160 Seiten
- Moderne Kommunikation. Zur Theorie des operativen Dis-
  placements. 248 Seiten. Gebunden
- Die Umschrift. Zwei kommunikationstheoretische Studien:
  »japanische Kommunikation« und »Autismus«.
  stw 1216. 198 Seiten
- Das Unbewußte in Psychoanalyse und Systemtheorie. Die
  Herrschaft der Verlautbarung und die Erreichbarkeit des
  Bewußtseins. stw 1373. 240 Seiten

Peter Fuchs/Andreas Göbel (Hg.). Der Mensch – das Medium der Gesellschaft? stw 1177. 368 Seiten

Hans-Joachim Giegel/Uwe Schimank. Beobachter der Moderne. Niklas Luhmannns ›Die Gesellschaft der Gesellschaft‹. stw 1612. 352 Seiten

Matthias Grundmann (Hg.). Konstruktivistische Sozialisationsforschung. Lebensweltliche Erfahrungskontexte, individuelle Handlungskompetenzen und die Konstruktion sozialer Strukturen. Beiträge zur Soziogenese der Handlungsfähigkeit. stw 1429. 352 Seiten

Kai-Uwe Hellmann/Rainer Schmalz-Bruns. Theorie der Politik. Niklas Luhmanns politische Soziologie. stw 1583. 319 Seiten

André Kieserling. Kommunikation unter Anwesenden. Studien über Interaktionssysteme. 520 Seiten. Gebunden

Werner Krawietz/Michael Welker (Hg.). Kritik der Theorie sozialer Systeme. stw 996. 386 Seiten

Niklas Luhmann
- Ausdifferenzierung des Rechts. Beiträge zur Rechtssoziologie und Rechtstheorie. stw 1418. 459 Seiten
- Das Erziehungssystem der Gesellschaft. Herausgegeben von Dieter Lenzen. stw 1593. 236 Seiten
- Funktion der Religion. stw 407. 324 Seiten
- Die Gesellschaft der Gesellschaft. Zwei Bände. stw 1360. 1164 Seiten
- Gesellschaftsstruktur und Semantik. Studien zur Wissenssoziologie der modernen Gesellschaft.
  Band 1. stw 1091. 319 Seiten
  Band 2. stw 1092. 294 Seiten

Band 3. stw 1093. 458 Seiten
Band 4. stw 1438. 185 Seiten
- Die Kunst der Gesellschaft. stw 1303. 517 Seiten
- Legitimation durch Verfahren. stw 443. 261 Seiten
- Liebe als Passion. Zur Codierung von Intimität.
  stw 1124. 231 Seiten
- Die Politik der Gesellschaft. Herausgegeben von André
  Kieserling. stw 1582. 444 Seiten
- Protest. Systemtheorie und soziale Bewegungen. Herausge-
  geben und eingeleitet von Kai-Uwe Hellmann.
  stw 1256. 216 Seiten
- Das Recht der Gesellschaft. stw 1183. 598 Seiten
- Die Religion der Gesellschaft. stw 1581. 368 Seiten
- Soziale Systeme. Grundriß einer allgemeinen Theorie.
  stw 666. 675 Seiten
- Theorie der Gesellschaft. Neun Bände in Kassette. Die Kassette enthält: Soziale Systeme / Die Gesellschaft der Gesellschaft / Die Wissenschaft der Gesellschaft / Die Wirtschaft
  der Gesellschaft / Das Recht der Gesellschaft / Die Kunst
  der Gesellschaft / Die Politik der Gesellschaft / Die Religion der Gesellschaft / Das Erziehungssystem der Gesll-
  schaft. Zusammen 5100 Seiten
- Die Wissenschaft der Gesellschaft. stw 1001. 732 Seiten
- Die Wirtschaft der Gesellschaft. stw 1152. 356 Seiten
- Zweckbegriff und Systemrationalität. Über die Funktion
  von Zwecken in sozialen Systemen. stw 12. 390 Seiten

Niklas Luhmann/Peter Fuchs. Reden und Schweigen.
stw 848. 227 Seiten

Niklas Luhmann/Robert Spaemann. Paradigm lost: Über
die ethische Reflexion der Moral. Rede von Niklas Luhmann
anläßlich der Verleihung des Hegel-Preises 1989. Laudatio
von Robert Spaemann: Niklas Luhmanns Herausforderung
der Philosophie. stw 797. 73 Seiten

Niklas Luhmann/Karl Eberhard Schorr. Reflexionsprobleme im Erziehungssystem. stw 740. 390 Seiten

Niklas Luhmann/Karl Eberhard Schorr (Hg.)
- Zwischen Absicht und Person. Fragen an die Pädagogik. stw 1036. 217 Seiten
- Zwischen Anfang und Ende. Fragen an die Pädagogik. stw 898. 227 Seiten
- Zwischen Intransparenz und Verstehen. Fragen an die Pädagogik. stw 572. 325 Seiten
- Zwischen System und Umwelt. Fragen an die Pädagogik. stw 1239. 294 Seiten
- Zwischen Technologie und Selbstreferenz. Fragen an die Pädagogik. stw 391. 261 Seiten

Niklas Luhmann/Stephan H. Pfürtner (Hg.). Theorietechnik und Moral. stw 206. 267 Seiten

Rudolf Maresch/Niels Werber (Hg.)
- Kommunikation – Medien – Macht. stw 1408. 450 Seiten
- Raum – Wissen – Macht. stw 1603. 309 Seiten

Richard Münch. Offene Räume. Soziale Integration diesseits und jenseits des Nationalstaats. stw 1515. 318 Seiten

Frithard Scholz. Freiheit als Indifferenz. Alteuropäische Probleme mit der Systemtheorie Niklas Luhmanns. 287 Seiten. Kartoniert

Rudolf Stichweh
- Der frühmoderne Staat und die europäische Universität. Zur Interaktion von Politik und Erziehungssystem im Prozeß ihrer Ausdifferenzierung im 16.-18. Jahrhundert. 427 Seiten. Gebunden

NF 125/4/4.03

- Wissenschaft, Universität, Profession. Soziologische Analysen. stw 1146. 402 Seiten
- Weltgesellschaft. Soziologische Analysen.
  stw 1500. 275 Seiten

Helmut Willke
- Atopia. Studien zur atopischen Gesellschaft.
  stw 1516. 263 Seiten
- Dystopia. Studien zur Krisis des Wissens in der modernen
  Gesellschaft. stw 1559. 291 Seiten
- Ironie des Staates. Grundlinien einer Staatstheorie polyzen-
  trischer Gesellschaft. stw 1221. 399 Seiten
- Supervision des Staates. 380 Seiten. Gebunden

NF 125/5/4.03